DUBLIN

Dublin
rien que pour vous

Ceux qui n'ont jamais franchi la mer d'Irlande s'imaginent parfois que Dublin est une capitale hors du temps, où l'on ne croise que de vieilles barbes jouant du *fiddle* et de la flûte dans une atmosphère survoltée. Or, derrière le Dublin traditionnel des pubs et de la culture celtique, se cache une autre facette, pétillante, festive, hyper-créative et tellement généreuse.

Il y a le Dublin officiel, celui d'O'Connell, de Parnell, de Larkin, de Pearse, de Collins… ces héros de la résistance irlandaise, chacun sur son piédestal, haranguant la foule pressée des grands boulevards ; celui des grands écrivains dont on voit partout dans la ville les silhouettes de bronze. On y croise Jonathan Swift, Bram Stoker, Bernard Shaw, James Joyce bien sûr, Oscar Wilde, William Butler Yeat… Ou encore celui des grands musées et des galeries d'art – National Gallery, Irish Museum of Modern Art, Hugh Lane Gallery – où s'accrochent les maîtres de l'art européen, de Titien à John Slavery. Dublin est aussi une ville moderne, une cité marchande, friande de nouveaut avec ses quartiers chic et branchés du SoDa (South of Dame Street), ses granc magasins légendaires – Arnotts, Brown Thomas –, ses collectifs de créateurs o le shopping ne cesse jamais. Elle est aussi une ville agréable : flânez le long du Grand Canal et de la Liffey, pique-niquez en plein cœur de St Stephen's Greer découvrez la Poolbeg Lighthouse et goûtez au vent salé de la baie de Dublin Vous comprendrez pourquoi il fait bon vivre à Dublin.

Dans les coulisses **du guide**

Vous avez entre les mains la dernière édition de notre guide. Et dernière édition, ça veut dire quoi ? Depuis plus de 15 ans que la collection existe, nous envoyons systématiquement un **auteur** sur place, à chaque nouvelle édition. Sa mission ? Dénicher des nouvelles adresses, flairer les tendances, être à l'affût des quartiers qui bougent, bref vous livrer le meilleur de la ville. Et pour les photos, c'est la même chose. Nous avons une équipe de **photographes** qui se charge de réaliser des reportages sur mesure et dédiés uniquement à la collection.

Un Grand Week-end à Dublin **sur Facebook**

Retrouvez-nous sur Facebook ! Nous partageons au fil des jours les toutes dernières adresses, nos photos coups de cœur, les événements à ne pas manquer, les trucs et astuces qu'il faut connaître et surtout nous répondons à toutes vos questions. Avec *Un Grand Week-end* vous ne voyagerez plus jamais seuls…

www.facebook.com/GuidesUnGrandWeekend

Calendrier des événements

Janvier

Temple Bar Trad Festival

Ce festival se déroule à la fin du mois sur 4 jours pendant lesquels la musique et la culture irlandaise sont à l'honneur dans les pubs et les salles de Temple Bar.

www.templebartrad.com

Février

Jameson Dublin International Film Festival

À partir de mi-février, il déroule son tapis rouge pour les stars internationales avec plus de 100 premières de films.

www.jdiff.ie

Mars

Saint Patrick's Festival

Un million de personnes assistent chaque année au Saint Patrick's Festival avec son lot de spectacles et de concerts. Point d'orgue : la grande parade du 17 mars, défilé haut en couleur qui célèbre le saint patron de l'Irlande.

www.stpatricksday.ie

Avril

Dublin : One City, One Book

Initié par les libraires de la capitale, ce festival invite chacun à découvrir ou redécouvrir le livre d'un auteur de la ville et propose de nombreuses manifestations culturelles (lectures, expositions, films et documentaires).

www.dublinonecityonebook.ie

Mai

Dublin Dance Festival

Le Dublin Dance Festival fait le grand écart entre le ballet et le hip-hop, en proposant le meilleur de la danse contemporaine.

www.dublindancefestival.ie

International Dublin Gay Theatre Festival

Au début du mois de mai, le théâtre gay fait son festival avec des productions nationales et internationales, d'hier et d'aujourd'hui.

www.gaytheatre.ie

Docklands Summer Festival

À la fin du mois de mai, vous avez rendez-vous sur les quais pour assister à des compétitions et à des spectacles, profiter de plusieurs concerts en plein air ou chiner dans le plus grand marché en extérieur de Dublin.

www.docklandssummerfestival.com

International Literature Festival Dublin

Des lectures, des discussions et des performances réunissent des écrivains irlandais et internationaux à la fin du mois de mai.

www.ilfdublin.com

Juin

Forbidden Fruit Festival

De la bonne musique, de nombreuses scènes, un cadre exceptionnel en plein cœur des jardins de **l'Irish Museum of Modern Art** (voir p. 35), toutes les conditions sont réunies pour faire de ce festival un rendez-vous incontournable.

www.forbiddenfruit.ie

Taste of Dublin

Vers le milieu du mois de juin, la ville met la grande cuisine à la portée du plus grand nombre. Au cœur des romantiques Iveagh Gardens, les chefs des 20 restaurants les plus prestigieux de Dublin proposent de goûter aux mets qui font leur réputation (de 15 à 75 € la dégustation).

www.tasteofdublin.ie

Bloomsday Festival

Le 16 juin, lors de la fête que l'on appelle Bloomsday, les Dublinois célèbrent leur auteur favori, James Joyce, en marchant sur les traces du héros d'Ulysse, Leopold Bloom, dans les rues et les pubs de la capitale.

www.bloomsdayfestival.ie

Gay Pride

Depuis plus de 30 ans, Dublin vibre, à la fin du mois de juin, aux couleurs et aux sons de la Gay Pride.

www.dublinpride.ie

Juillet

Music in the Park

Du mois de juin au mois d'août, les **Lunchtime Concerts** (jazz, classique, traditionnel) sont donnés gratuitement dans différents parcs de la ville à 13h.

www.dublincity.ie

Dublin Horse Show

Le Dublin Horse Show vit au rythme des démonstrations et des compétitions équestres à Ballsbridge.

www.dublinhorseshow.ie

Août

Smithfield Outdoor Market

Durant tout le mois d'août, Smithfield s'anime avec son marché d'été ouvert au public chaque vendredi de 10h à 15h.

Liffey Swim

Chaque année depuis 1920, lors de cette célèbre et insolite compétition, des centaines de nageurs plongent dans la Liffey.

www.leinsteropensea.ie

Septembre

Hurling et football gaélique

Finales nationales de hurling (1er w.-e. de sept.) et finale d'Irlande de football gaélique (3e semaine de sept.) au stade mythique Croke Park.

www.gaa.ie

Culture Night

Les musées, les galeries, les maisons historiques et les monuments restent ouverts jusqu'à 23h. Plusieurs animations gratuites sont organisées à cette occasion.

www.culturenight.ie

Dublin Fringe Festival

Ce festival s'est imposé comme l'un des plus grands festivals indépendants d'Europe avec 2 semaines intenses de danse, musique, théâtre et arts vivants.

www.fringefest.com

Octobre

Dublin Theatre Festival

Fin sept.-début oct. se déroule le Dublin Theatre Festival. Créé en 1957, il est le plus ancien festival de théâtre en langue anglaise.

www.dublintheatrefestival.com

Adidas Dublin City Marathon

La 3e semaine d'octobre, plus de 10 000 coureurs participent à cette course qui traverse toute la ville.

www.dublinmarathon.ie

Bram Stoker Festival

Fans de vampires, adeptes du roman *Dracula* ou simple curieux amateurs d'expériences insolites, ce festival est un évènement immanquable. Pendant 4 jours et 4 nuits, des concerts, des spectacles de rue, des projections de vieux films d'épouvantes, des expositions et des ateliers vous feront frissonner de plaisir !

www.bramstokerfestival.com

Samhain Halloween Parade

Le 31 octobre, on célèbre Halloween. Petits et grands, déguisés, se réunissent pour la Samhain Halloween Parade qui part de Parnell Square vers 19h.

Novembre

Art Source

Pendant 3 jours, la plus grande exposition d'Irlande d'artistes irlandais et étrangers investit le hall de la Royal Dublin Society.

www.artsource.ie

Décembre

Advent period

La période de l'Avent donne lieu à de nombreux événements et manifestations : ouverture de la **patinoire à ciel ouvert de Smithfield,** messe irlandaise traditionnelle avec le célèbre Palestrina Choir à **St Mary's Pro Cathedral,** la fête foraine de Funderland au Royal Dublin Society…

New Year's Eve Gala

Le 31 décembre, on se presse aux abords de **Christ Church** pour écouter les 19 cloches de l'église sonner les 12 coups de minuit. Puis, on se rend au **National Concert Hall** pour assister à l'incontournable concert de fin d'année.

Expositions temporaires

Pour connaître le programme des expositions temporaires, vous pouvez consulter le site **www.visitdublin.com** ou bien les sites des musées :

- Musées nationaux : **www.museum.ie**
- National Gallery : **www.nationalgallery.ie**
- Irish Museum of Modern Art : **www.imma.ie**
- National Photographic Archive : **www.nli.ie**
- Hugh Lane Gallery of Modern Art : **www.hughlane.ie**
- Chester Beatty Library and Gallery of Oriental Art : **www.cbl.ie**

10 expériences uniques

1 Partir sur les traces des émigrants irlandais

À bord du *Jeanie Johnston Tall Ship* (p. 39) ou au pied du Famine Memorial (p. 39).

2 Ouvrir les cercueils d'aristocrates irlandais

Dans la crypte médiévale de St Michan's Church en compagnie de Peter Condell (p. 15).

3 Se faire mousser lors d'un *pub crawl*

La tournée des meilleurs pubs dublinois : The Long Hall (p. 113), Stag's Head (p. 27), John Kehoe's (p. 113)…

4 Marcher sur l'eau en mer d'Irlande

En suivant le South Wall jusqu'à la Poolbeg Lighthouse (p. 41).

5 Faire confiance à son flair au Shelbourne Park Stadium

Lors des très populaires courses de lévriers (p. 40).

6 Écouter les voix de Joyce, Wilde, Yeats et des autres

Dans l'antique pharmacie désaffectée du célèbre Sweny's où de joyeux drilles lisent à voix haute le meilleur de la littérature irlandaise (p. 30).

7 Suivre les chemins de halage de Grand Canal Walk

Pour une balade romantique et relaxante au milieu des herbes folles (p. 31).

8 Admirer le meilleur de la peinture irlandaise des XIXe et XXe s.

À la National Gallery (p. 30) bien sûr, et à la surprenante Hugh Lane Gallery (p. 13), mais aussi à la Iveagh Gallery, l'antre merveilleux du collectionneur Patrick O'Driscoll (p. 34).

9 Découvrir tous les secrets du football gaélique

Dans l'ambiance survoltée du mythique Croke Park (p. 5).

10 Se mettre au vert avec les Dublinois

Flâner au hasard dans les allées de St Stephen's Green (p. 25), converser avec Oscar Wilde dans Merrion Square Park (p. 28), découvrir le monde enfoui d'Iveagh Gardens et, en été, profiter des concerts et des pièces de théâtre en plein air (p. 25).

Un grand week-end sur mesure

Première fois à Dublin ?

Suivez notre programme pour ne rien rater des incontournables de la ville… Le guide compte 10 visites réparties dans toute la ville. Évidemment, en trois jours, vous ne pourrez pas faire toutes ces balades. À vous de voir si vous voulez remplacer telle visite par une autre en fonction de vos centres d'intérêt…

JOUR 1 : Au petit matin, remontez **O'Connell Street** (p. 10), visitez le **General Post Office** (p. 11) et son centre commémoratif puis filez vers le nord pour découvrir les collections de peintures de la **Hugh Lane Gallery** (p. 13). Avant de redescendre, faites une pause *fish & chips* chez **Beshoff** (p. 11), puis faites un peu de shopping dans **Henry Street** et **Mary Street** (p. 15). Après-midi culturel au sud de la Liffey, au **Trinity College** (p. 22) d'abord, pour découvrir le *Book of Kells* et la **Old Library** (p. 23), puis à la **Bank of Ireland** (p. 22). Pour finir, plongez dans l'effervescence de **Temple Bar** (p. 18) et de ses pubs traditionnels.

JOUR 2 : Selon les goûts, matinée médiévale à **St Patrick's Cathedral** (p. 32), au musée **Dublinia**

(p. 16) et au **Dublin Castle** (p. 17) ou dépaysement total à la **Chester Beatty Library** (p. 17) suivi d'un pique-nique dans **St Stephen's Green** (p. 25). L'après-midi sera consacré au shopping du côté du **SoDa** (South of Dame Street, p. 16 et 24) avec l'incontournable **Powerscourt Centre** avant de faire le plein d'expériences culinaires (p. 26). En soirée, faites le tour des bars à vins, puis mêlez-vous à la faune branchée des bars de nuit du SoDa.

JOUR 3 : Flânerie le long de la Liffey et des anciens docks, entre vieux entrepôts et architecture futuriste, avec une pause gourmande sur **Grand Canal Dock** (p. 39). Quart d'heure shopping à la **Design Tower** (p. 40) avant de rejoindre **Merrion Square** (p. 28) et de filer à **National Gallery** (p. 30) et au **National Museum of Archeology** (p. 29). Retour dans le quartier de **SoDa** pour s'accouder au comptoir d'un pub mythique ou vibrer dans un club de rock (p. 112 et 115).

Déjà venu ?

Vous connaissez déjà les incontournables de Dublin ? Sortez des sentiers battus et explorez les quartiers un peu excentrés. Arpentez **Francis Street** (p. 34), la Mecque des antiquaires, goûtez la brune la plus célèbre de Dublin au **Guinness Storehouse** (p. 35), partez sur les traces des prisonniers politiques au **Kilmainham Gaol** (p. 35), découvrez l'art moderne au **Museum of Modern Art** (p. 35). Enfin, les pelouses sans fin de **Phoenix Park** (p. 37) et son zoo sont pleins de bonnes surprises.

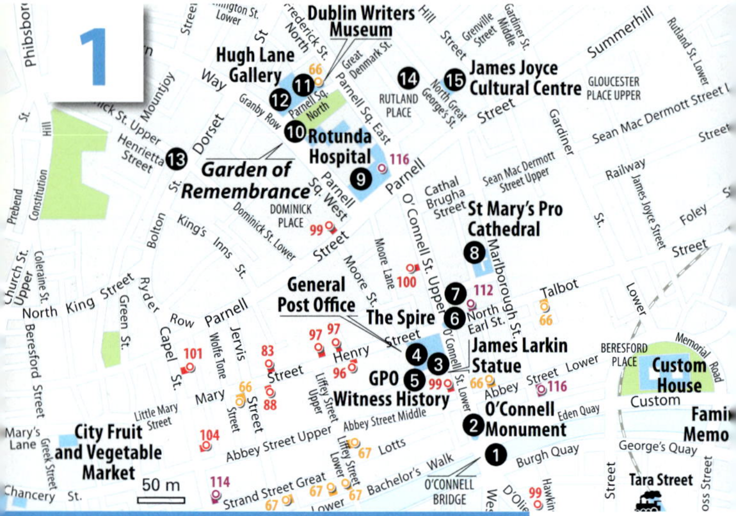

O'Connell Street, haut lieu de la résistance irlandaise

Voir plan détachable C2-3/D2-3 et zoom H6/I6

La Sackville Street du XVIIIe s., alors la plus belle avenue du Dublin georgien, aligne aujourd'hui fast-foods, boutiques de souvenirs et salles de jeux. Mais le General Post Office, l'élégante façade du Clery's et le profil clinquant du Spire conservent une certaine grandeur à l'épicentre de la résistance irlandaise. Quartier populaire animé, c'est aussi le haut lieu de la *passeggiata* dublinoise, entre grands magasins, boutiques de mode et marchands de glaces.

1 O'Connell Bridge

Ce pont du XVIIIe s., rebâti en 1880 pour l'aligner sur O'Connell Street, est aussi la première image filmée de Dublin, une séquence tournée par les frères Lumière en 1897. Axe principal de la ville reliant les deux rives de la Liffey, il offre un beau point de vue en amont sur le Half Penny Bridge, et en aval sur la Custom House de James Gandon.

2 O'Connell Monument*

O'Connell Street.

Le boulevard des célébrités s'ouvre par le monument à la gloire de Daniel O'Connell (1775-1847), surnommé le « Libérateur de l'Irlande » pour son combat victorieux en faveur de l'émancipation des catholiques irlandais (1829). Les quatre Victoires ailées rappellent les qualités du grand homme : patriotisme, courage, éloquence et fidélité ; et leurs poitrines percées de balles, l'âpreté des combats lors du soulèvement de Pâques 1916 (Easter Rising).

③ James Larkin Statue*

O'Connell Street.
Le chef syndicaliste, leader de la grève générale de 1913, est ici représenté les bras ouverts, haranguant la foule. C'est du balcon du grand magasin Clery's – alors Imperial Hotel, propriété de son ennemi, le magnat des transports William Murphy – qu'il encouragea les grévistes. Gravés sur le socle, ses mots les plus célèbres :

« Les grands paraissent grands parce que nous sommes à genoux. Mettons-nous debout ! ». La grève fut matée dans le sang, mais elle marqua le rapprochement entre nationalisme et socialisme.

④ General Post Office***

Angle O'Connell Street et Henry Street
☎ 705 7000
www.anpost.ie
Lun.-sam. 8h30-18h
Accès libre.
De l'original, achevé en 1818, seuls subsistent le portique

à colonnes et la façade. Le reste est parti en fumée lors des combats qui opposèrent les forces indépendantistes de Patrick Pearse et James Connolly à l'armée britannique lors de l'Easter Rising (1916). Reconstruit en 1929, le sublime intérieur du GPO ressemble à celui d'un grand hôtel Art déco. Le beau bronze de Cú Chulainn mourant, héros de la mythologie irlandaise, rappelle le sacrifice des insurgés.

⑤ GPO Witness History**

General Post Office, O'Connell Street
☎ 705 7420
www.gpowitnesshistory.ie
T. l. j. 9h-17h30
Entrée plein tarif : 10 €.
Le An Post Museum, haut lieu de la philatélie, a fermé ses portes pour laisser la place à ce centre qui ouvrira à partir de mars 2016, à l'occasion du centenaire de l'insurrection irlandaise. Une exposition intéractive commémore l'événement à travers des vidéos, des bandes sonores, des documents et des objets d'époques. Les visiteurs seront notamment amenés à comprendre comment la poste est devenue le cœur symbolique de la nation et le GPO, son centre névralgique. Une belle leçon d'histoire !

⑥ The Spire*

En quête d'un symbole de modernité, Dublin s'est entiché de cette gigantesque aiguille et de ses 120 m d'acier rutilant. Achevée en 2003, l'œuvre de Ian Ritchie a été érigée

⑦ Pour une pause *fish and chips* : Beshoff*

Yvan Beshoff, tout droit arrivé de Russie, fonda cette institution en 1913. C'est le repaire des mangeurs de *fish and chips* (8,95 €). De la morue, de l'églefin, du carrelet ou de la sole, toujours très frais, frits dans une pâte à base d'œuf, de farine et de bière, le tout accompagné de frites délicieuses. C'est hypercalorique et tellement bon !

6 Upper O'Connell Street – ☎ 872 4400
www.beshoffrestaurant.com – T. l. j. 9h-22h (21h dim.).

à l'emplacement de la colonne Nelson, construite en 1808 en l'honneur du vainqueur de Trafalgar et dynamitée en 1966 par les nationalistes de l'IRA pour célébrer dignement les 50 ans de l'Easter Rising ! The Spire est bien plus consensuelle (trop ?). De plus, il est l'un des lieux de rendez-vous des Dublinois.

8 St Mary's Pro Cathedral★★

Marlborough Street
☎ 874 5441
www.procathedral.ie
Lun.-sam. 7h30-18h45, dim. 9h-13h45 et 17h30-19h30
Accès libre.

L'inauguration en 1825 de cette cathédrale catholique – une basilique de style grec inspirée de l'église de Saint-Philippe-du-Roule à Paris – attestait de la fin des lois pénales contre les papistes. Les cathédrales de Christ Church et de Saint-Patrick, elles, restaient aux mains de l'Église protestante officielle. En attendant leur retour au culte catholique – qui n'eut jamais lieu – Sainte-Marie fut élevée ici, à l'écart de l'avenue principale. Quatre ans plus tard, l'Acte d'émancipation totale des catholiques était voté.

9 Rotunda Hospital★

Parnell Square East
☎ 874 4045
www.gatetheatre.ie
Résa : lun.-sam. 10h-19h
Entrée Gate Theatre : 25-35 €.

En haut d'O'Connell Street, la façade à portique surmontée d'une tour-lanterne est celle de la plus ancienne maternité au monde, ouverte ici en 1757. L'architecture grandiose rappelle que ce quartier fut au XVIIIe s. le plus élégant de Dublin. La Rotonde héberge depuis les années 1930 le célèbre **Gate Theatre** – Orson Welles y fit ses débuts – siège des plus importantes créations théâtrales de la ville.

10 Garden of Remembrance★

Parnell Square North
Ouvert de l'aube au crépuscule
Accès libre.

Dédié à tous ceux qui ont donné leur vie pour la liberté de l'Irlande, ce jardin du souvenir fut inauguré en 1966 pour les 50 ans du soulèvement de Pâques 1916. Un lieu paisible dominé par la sculpture monumentale d'Oisin Kelly sur le thème des *Enfants de Lir*, ce roi de la mythologie irlandaise dont la seconde épouse, la terrible Aoife, aurait condamné les enfants à errer 900 ans sous la forme de cygnes avant qu'un saint homme ne les délivre par le baptême.

11 Dublin Writers Museum

18 Parnell Square North
☎ 872 2077
www.writersmuseum.com
Lun.-sam. 10h-17h, dim. 11h-17h
Audioguide en français
Entrée plein tarif : 7,50 €.

De Jonathan Swift à Colm Tóibín, les écrivains irlandais sont légion et célèbres dans le monde entier. Normal, donc, qu'un musée tente de leur rendre hommage, comme ici à travers documents, livres d'époque, portraits et objets

personnels. Malheureusement, la muséographie, bien qu'intéressante, peut sembler quelque peu vieillissante et scolaire. Rabattez-vous plutôt sur la librairie, très bien approvisionnée : c'est finalement le meilleur moyen de faire connaissance avec les gloires du passé – Joyce, Shaw, Wilde – et les talents d'aujourd'hui – John Banville ou Roddy Doyle.

⓬ Hugh Lane Gallery★★★

Charlemont House
Parnell Square North
☎ 222 5550
www.hughlane.ie
Mar.-jeu. 10h-18h, ven.-sam. 10h-17h, dim. 11h-17h
Accès libre
Voir « Pour en savoir plus » p. 50.

Ce musée rassemble des œuvres d'artistes irlandais et européens des XIXe et XXe s., tels Jack B. Yeats, Roderic O'Conor ou Francis Bacon. Depuis mai 2013 – et pendant six ans – la galerie accueille en plus quatre chefs-d'œuvre d'impressionnistes français (Renoir, Pissarro, Morisot et Manet) qu'elle partage avec la National Gallery de Londres. Après avoir admiré *Waterloo Bridge* (1900) de Monet et *La Diligence dans la neige* (1860) de Courbet, ne manquez pas la reconstitution de l'atelier de Francis Bacon. Excellente librairie et café au sous-sol.

⓭ Henrietta Street★★

Un pied dans Henrietta Street, et vous voilà au début des années 1720, dans la première rue georgienne de Dublin, développée par le grand propriétaire foncier Luke Gardiner. Il y construit sa demeure (nº 10) et celles de personnalités en vue, comme l'archevêque Boulder, et définit ainsi les canons esthétiques qui vont guider l'architecture dublinoise pendant tout le XVIIIe s. Des 15 maisons originelles, 13 ont survécu, mais certaines sont parfois dans un état de délabrement avancé.

⓯ James Joyce Cultural Centre★

35 North Great George's Street
☎ 878 8547
www.jamesjoyce.ie
Lun.-sam. 10h-17h, dim. 12h-17h
(oct.-mars : f. le dim.)
Entrée plein tarif : 5 €.

Si vous êtes à la fois passionné par Joyce et par le Dublin georgien, vous aimerez sûrement ce musée-centre de documentation dont la collection est tout aussi importante que variée. On vous y explique tout ce qui peut éclairer l'œuvre de l'écrivain, tandis que de nombreuses photos montrent tous les lieux cités dans *Ulysse*. La visite commentée s'accompagne d'une vidéo très intéressante sur le Dublin du début du XXe s. Les littéraires apprécieront.

⓮ Pour un pause à l'ancienne : Cobalt Café & Gallery★

Le Cobalt Café est l'occasion de découvrir l'élégant salon d'une demeure georgienne. Quelques notes de piano, le ronronnement d'un feu de cheminée, un jardin romantique derrière de hautes fenêtres à guillotine… Un cadre plutôt magique où l'on peut se sustenter de quelques sandwichs (goûtez la *ciabatta* au Brie et *cranberries* à 6,70 €), de soupes du jour (4,50 €) ou de salades (7,80 €) en bavardant avec le patron, un rien bohème, de sa dernière exposition.

16 North Great George's Street – ☎ 873 0313 – Lun.-ven. 10h-16h.

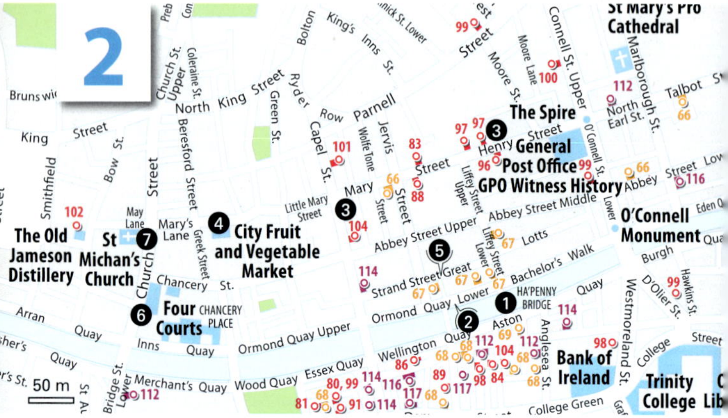

Voir plan détachable C3/D3 et zoom G6/H6

Le long de la Liffey, balade romantique

Rivière mythique bordée de beaux hôtels, la Liffey est le symbole de la ville. Ses quais longtemps abandonnés reprennent vie, ses berges s'animent et la passerelle du Ha'Penny Bridge tangue sous les pas de la foule. Derrière les quais, l'ancien quartier des marchés est devenu le centre du shopping populaire où restaurants, cafés et grands magasins créent une effervescence permanente.

❶ Ha'Penny Bridge★★

La plus populaire des vues de Dublin. Cette jolie passerelle métallique enjambe la Liffey et commande l'entrée dans Temple Bar, le quartier branché. Avec sa silhouette gracile au crépuscule et ses lampadaires à l'ancienne, elle date de 1816 et doit son nom au prix qu'il fallait payer jusqu'en 1919 pour la traverser. Une agréable promenade en bois a été aménagée le long des quais. En amont, Millenium Bridge est une passerelle construite pour l'an 2000. Au fond, le dôme arrogant de Four Courts.

❷ The Winding Stair★★

40 Ormond Quay Lower
☎ 872 6576
www.winding-stair.com
Lun.-mer., ven. 10h-18h, jeu., sam. 10h-19h, dim. 12h-18h.

On passerait des heures à feuilleter les livres de cette petite librairie indépendante déjà fameuse dans les années 1970. Des publications sortant vraiment de l'ordinaire peuplent les hautes étagères en bois, entre neuf et occasion, dans des domaines très divers : graphisme, poésie, fiction, histoire, littérature enfantine… À l'étage se trouve un agréable

restaurant d'où l'on peut contempler la Liffey.

3 Henry Street et Mary Street*

C'est l'équivalent, au nord de la Liffey, de la Grafton Street des quartiers sud... en plus populaire et surtout beaucoup moins snob. Entre boutiques de téléphonie et de produits de beauté, cette artère commerciale aligne grands magasins mythiques – dont le grandiose **Arnotts** de 1894 et **Debenhams** –, centres commerciaux sans âme (Ilac Centre, Jervis Centre) et gloires locales telles que **Penneys** (le nom irlandais de Primark) et **Dunnes Stores**. Pour les mordus de shopping.

4 City Fruit and Vegetable Market*

Mary's Lane
Lun., mer.-ven. 6h-15h
mar. 6h-13h, sam. 6h-11h.

Le Rungis dublinois a perdu de sa superbe depuis l'époque victorienne, mais il n'en continue pas moins d'animer le quartier tous les matins (sf dim.) avec ses grossistes en fruits, en légumes et en fleurs. Inutile d'investir dans 50 bottes de lis hollandais pour découvrir la beauté fatiguée de ce marché couvert et des belles céramiques – des poissons, des fruits, des légumes – qui en décorent chaque entrée.

6 Four Courts*

Inns Quay.

Œuvre de James Gandon, l'architecte de la Custom House, Four Courts (1802) est le palais de justice de Dublin. Il fut l'épicentre, en 1922, de la guerre civile qui opposa les partisans du traité concédant l'Irlande du Nord au Royaume-Uni, unis derrière Michael Collins, à ses adversaires, retranchés dans le palais de justice. Toutes les archives et le bâtiment furent détruits, mais Four Courts rouvrit dix ans plus tard, reconstruit presque à l'identique.

7 St Michan's Church and Crypt**

Church Street
☎ 872 4154
www.stmichans.com
Lun.-ven. 10h-12h45 et 14h-16h45, sam. 10h-12h45
Entrée plein tarif : 5 €.

C'est accompagné de Peter Condell, le guide le plus hilarant de Dublin, qu'il faut visiter cette église médiévale reconstruite dans les années 1680. Vous apprendrez comment la température

constante de la crypte et l'acide tannique de ses murs ont permis la momification naturelle des corps, exposés dans les cercueils ouverts (le plus vieux a plus de 650 ans) ; et quel sort fut réservé aux frères Sheares, deux républicains nationalistes pendus, décapités puis coupés en quatre lors de l'insurrection de 1798. Ne manquez pas l'orgue, sur lequel joua Händel.

5 Pour une pause à l'italienne : Foam Café**

C'est la bonne surprise de ce micro-quartier baptisé Little Italy. Avec ses toiles cirées fleuries, ses guirlandes électriques, ses chaises rococo, ses lampions chinois et ses lustres multicolores, Foam Café se situe entre le retable baroque d'une église sévillane et la crèche de Noël de notre enfance... C'est ultra kitsch, mais tellement cosy sous le ciel pas toujours clément de Dublin ! Au menu : des pâtes réconfortantes (*linguine alla matriciana* à 12,95 €), des omelettes (9,50 €), des soupes du jour (5 €), de copieuses salades (11-14 €) et d'excellents jus de fruits pressés à la commande (3,50 €).

24 Strand Street Great
☎ 086 052 1245 – www.foamcafe.ie
T. l. j. 11h-21h.

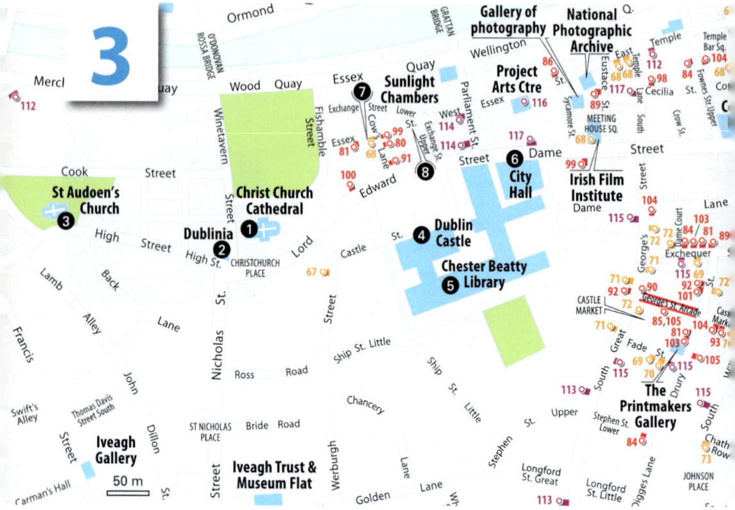

Voir plan détachable
C3-4 et zoom G7-8/H6-7

Dublin Castle et la cité médiévale

C'est le cœur historique de la ville, ce Dubh Linn – « bassin aux eaux noires » – dont la capitale irlandaise tire son nom. Ici les Vikings fondèrent la première cité royale, St Audoens et Christ Church, avant que le Dublin Castle, érigé par l'envahisseur normand, n'incarne pendant sept siècles la domination anglaise sur l'Irlande.

❶ Christ Church Cathedral★

Christchurch Place
☎ 677 8099
www.christchurchcathedral.ie
Mars et oct. : lun.-sam. 9h-18h, dim. 12h30-14h30 et 16h30-18h ; avr.-sept. : lun.-sam. 9h-19h, dim. 12h30-14h30 et 16h30-19h ; nov.-fév. : lun.-sam. 9h-17h
Entrée plein tarif : 6 €
Voir « Pour en savoir plus » p. 45.

La cathédrale anglicane du diocèse de Dublin – Saint-Patrick est celle de la nation – fut fondée en 1030 au cœur de la cité viking. L'édifice actuel (1870-1880), de style néogothique, fut financé par Henry Roe, magnat du whiskey irlandais, presque ruiné pour la bonne cause… Remarquez, dans la nef, le gisant de Strongbow. En s'emparant de Dublin en 1170, il oblige le roi Henri II d'Angleterre à intervenir, et met ainsi fin à l'indépendance de l'Irlande ! La crypte médiévale est intacte et expose, parmi ses trésors, les corps desséchés d'un chat et d'un rat, prisonniers du grand orgue dans les années 1860.

❷ Dublinia★★

Winetavern Street
☎ 679 4611
www.dublinia.ie
Mars-sept. : t. l. j. 10h-17h30 ; oct.-fév. : t. l. j. 10h-16h30 (f. 24-26 déc.)
Entrée plein tarif: 8,50 €
Voir « Pour en savoir plus » p. 45.

Relié à la cathédrale par un étonnant pont couvert, l'ancien synode accueille désormais un passionnant musée du Moyen Âge. À travers des reconstitutions et des objets du quotidien, c'est toute l'histoire de Dublin qui défile, de la conquête normande à la dissolution des monastères par Henri VIII. Ne manquez pas la salle de jeux où les enfants pourront s'initier à l'art du pilori ! Plus sérieux, une maquette interactive permet de retracer le développement urbain de la capitale.

3 St Audoen's Church*

Cornmarket, 14 High Street
☎ 677 0088
www.heritageireland.ie
Avr.-oct. : t. l. j. 9h30-17h30 (dernière entrée 17h)
Accès libre.

Au cœur du quartier historique de la ville, la plus ancienne église médiévale de Dublin s'élève au centre d'un agréable petit jardin serti de remparts du XIIIe s. Dédiée à saint Ouen (VIIe s.), évêque de Rouen et saint patron de la Normandie, elle a conservé son clocher du XIIe s. dont on dit qu'il est le plus ancien d'Irlande.

4 Dublin Castle**

Dame Street
☎ 645 8813
www.dublincastle.ie
Lun.-sam. 10h-16h45, dim. et j. f. 12h-16h45 (f. 1er janv., Ven. saint, 24-28 déc.)
Entrée plein tarif : 6,50 €
Entrée avec visite guidée des appartements d'État : 8,50 €
Voir « Pour en savoir plus » p. 46.

Le château médiéval n'existe plus, à part quelques portions de remparts. L'édifice actuel date des XVIIe et XVIIIe s. et s'organise autour d'une cour intérieure libre d'accès. Depuis le Moyen Âge, le château était le symbole de la domination britannique. Son représentant vivait dans les **State Apartments** dont le mobilier français et les tapisseries des Gobelins ont été conservés. Ils servent aujourd'hui aux réceptions officielles.

5 Chester Beatty Library***

Dublin Castle
☎ 407 0750
www.cbl.ie
Lun.-ven. 10h-17h, sam. 11h-17h, dim. 13h-17h (f. lun. d'oct. à avr.)
Accès libre
Voir « Pour en savoir plus » p. 48.

Fenêtre sur les trésors artistiques des grandes cultures du monde, ce musée d'art abrite une incroyable collection de manuscrits, d'enluminures, de dessins, de livres rares et d'arts décoratifs réunis par sir Alfred Chester Beatty (1875-1968). Une belle muséographie présente notamment des ouvrages de la bibliothèque personnelle de Marie-Antoinette, des livres d'astrologie arabe, des bouteilles à priser chinoises ou des livres d'éducation guerrière pour petits Japonais datant du XIXe s.

6 City Hall*

Dame Street
☎ 222 2204
www.dublincity.ie/dublincityhall
Lun.-sam. 10h-17h15
Accès libre à la rotonde
Entrée plein tarif à l'exposition Story of the Capital : 4 €.

Destiné à l'origine à devenir la Bourse du commerce, ce monument néoclassique coiffé d'une coupole devint le City Hall en 1852. C'est ici qu'eurent lieu les funérailles de deux héros de la résistance irlandaise, Charles Parnell et Michael Collins. Les caves du City Hall accueillent un

musée de l'Histoire de la ville et de ses populations successives. Le petit café est tenu par les propriétaires du Queen of Tarts.

8 Cow's Lane Designer Studio**

2 Pudding Row, Essex Street West
☎ 524 0001
www.clds.ie
Lun.-sam. 11h-18h, dim. 12h-17h.

Ce collectif d'artisans offre un joli tour d'horizon de la créativité dublinoise : des cardigans en cashmere et soie de Sian Jacob's (130-290 €) aux chapeaux années 1920 de John Shelvin (75-145 €), sans oublier les céramiques de KaroArt (20-150 €) et les boutons de manchettes extravagants de Oh Boy Cufflinks of Distinction (25-50 €). Et le studio sacrifie aussi à la tradition des soldes !

7 Pour une pause royale : Queen of Tarts*

Bénéficiant d'un succès bien mérité, les « reines des tartes » – Yvonne et Regina Fallon – ont ouvert une seconde cour, cette fois dans le quartier de Cow's Lane. Pour un déjeuner léger ou un thé gourmand, c'est parfait. Pas de concept ronflant ni de déco tapageuse, mais une cuisine à base de produits bio qui va à l'essentiel : de délicieuses tartes salées (9,95 €), de copieux sandwichs Combo (9,95 €) et surtout de bonnes pâtisseries (*victorian sponge cake* à 4,95 €).

Cow's Lane – ☎ 633 4681 – www.queenoftarts.ie
Lun.-ven. 8h-19h, sam.-dim. 9h-19h, f. j. f.

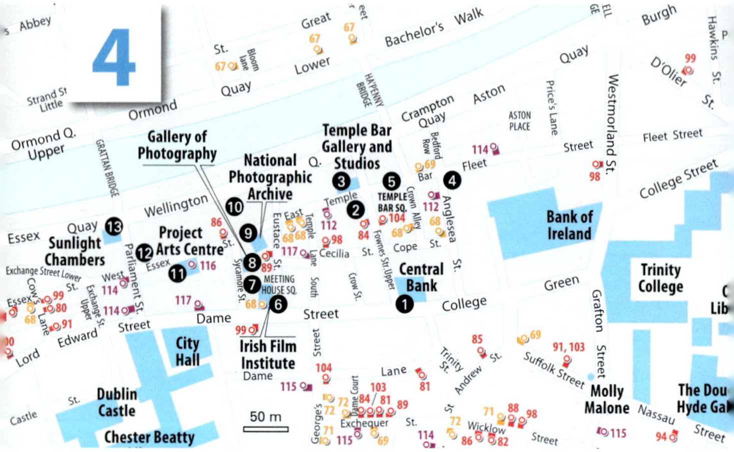

Voir plan détachable C3/D3 et zoom G6-7/I6-7

Temple Bar, quartier branché

Entre la Liffey et Dame Street – la rue des banquiers –, Temple Bar était au XVIIIe s. le quartier portuaire. L'Hôtel des Douanes se trouvait ici avant de déménager en aval (Custom House). Les étroites ruelles pavées grouillaient d'animation, entre échoppes besogneuses et hôtels de passe. Véritable *no man's land* à la fin des années 1970, le quartier a fait l'objet d'un ambitieux projet visant à en faire le *hub* culturel de Dublin. Pubs musicaux, restaurants, galeries, institutions artistiques et discothèques en font le point de ralliement des nuits dublinoises.

1 Central Bank*

Dame Street.

Si vous aimez l'architecture, observez le siège de la banque centrale irlandaise (1978) : chacun de ses étages, d'abord entièrement assemblé au sol, a ensuite été suspendu depuis le sommet et arrimé à un axe central en béton… Une façon innovante d'éviter les mouvements de balancier dans les gratte-ciel et d'obtenir un espace intérieur libéré de toute colonne. Voilà pour l'ingéniosité ! Pour l'esthétique, à vous de voir…

2 Lucy's Lounge*

11 Fownes Street Upper
☎ 677 4779
www.lucysloungevintage.com
Lun.-dim. 12h-18h.

Vous ne raterez pas cet immeuble à la façade rose bonbon. Lucy's Lounge, connue auparavant sous le nom de Sési, abrite des boutiques de vêtements vintage (voir p. 104). Les vendeurs sont accueillants et attentionnés.

❸ Temple Bar Gallery and Studios★★

5-9 Temple Bar
☎ 671 0073
www.templebargallery.com
Mar.-sam. 11h-18h.

Il fallait une bonne dose d'optimisme, au début des années 1980, pour créer dans une ancienne usine textile au cœur d'un quartier abandonné une galerie d'art contemporain et une trentaine de studios d'artistes ! Trente ans après, pari réussi : Temple Bar est devenu le *hub* culturel de la capitale ! La galerie présente chaque année une demi-douzaine d'expositions ou d'installations, souvent d'artistes irlandais.

❹ Pour une pause en immersion : Oliver St John Gogarty★

Point de départ du Musical Pub Crawl, ce pub est l'un des plus populaires du quartier avec son comptoir à l'ancienne, ses hautes barriques et ses concerts quotidiens. L'idéal est d'y déjeuner (*bacon & cabbage* ou *irish stew*). Concerts de musique traditionnelle à l'étage. Ambiance garantie pour 12 € si vous suivez le Musical Pub Crawl.

58-59 Fleet Street
☎ 671 1822
www.gogartys.ie
Lun.-sam. 10h30-2h30, dim. 12h-1h30.

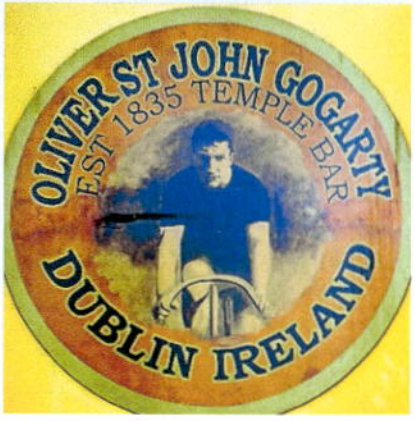

❺ Temple Bar Square

Cette petite place ombragée de Temple Bar est l'un des cœurs battants de Dublin. Et cela ne tient pas seulement aux terrasses des cafés, idéales pour un déjeuner au soleil – le **Bad Ass Cafe** est très bien (voir p. 68) –, ni à ses pubs musicaux, dont la clientèle déborde joyeusement sur le pavé. Dans le dédale de ruelles étroites de Temple Bar, c'est un lieu de rendez-vous éclectique où se croisent touristes, musiciens, artistes de rue, jeunes femmes en goguette, intellos goguenards de la Temple Bar Gallery, vieilles barbes férues de musique traditionnelle et hipsters du **Morgan Bar** (voir p. 114).

❻ Irish Film Institute★★

6 Eustace Street
☎ 679 5744
www.irishfilm.ie

• Cinéma : t. l. j. 12h30-21h
• Restaurant : t. l. j. 12h30-21h30.

Même si vous ne comptez pas aller voir un film, ne manquez pas cette adresse. Le patio abrite sous sa verrière une excellente cafétéria (voir p. 68). Les journaux gratuits et divers magazines y sont mis à votre disposition pour mettre au point votre programme et, si cela vous tente, vous pouvez acheter au kiosque les plus célèbres films irlandais, de *The Quiet Man* à *The Commitments* ou *Waking Ned* (Vieilles Canailles).

❼ Meeting House Square★

Cette place tient son nom des temples (*Meeting House*) presbytérien et quaker qui la bordaient autrefois. Le premier est devenu le Irish Film Institute,

le second **The Ark**, un centre culturel pour enfants. À l'arrière de ce dernier, ne manquez pas l'arche de cuivre de l'architecte Calatrava qui s'ouvre sur une grande scène, lieu de concerts et de projections de films lors des festivals d'été (www.templebar.ie). Tous les samedis s'y tient un marché fermier avec stands gastronomiques, parfait pour déjeuner sur le pouce.

8 Gallery of Photography★

Meeting House Square
☎ 671 4654
www.galleryofphotography.ie
Mar.-sam. 11h-18h, dim. 13h-18h
Accès libre.

Le rez-de-chaussée propose des livres de photos superbes et rares, des cartes postales originales et des affiches. Les étages sont consacrés aux expositions en collaboration avec l'Arts Council. Si les photographes internationaux sont bien représentés, c'est surtout l'occasion de découvrir la photographie contemporaine d'Irlande, sur des thèmes de qualité.

Sauvé par le rock

Le quartier de Temple Bar a bien failli disparaître dans les années 1980. Refuge insalubre de squatters et d'artistes bohèmes en mal de mécènes, il devait céder sous la pelle des démolisseurs et chasser à jamais tous les marginaux virulents qui s'y étaient installés. Toutefois, le gouvernement a sorti de ses cartons un projet ambitieux de rénovation, encouragé par de nombreux artistes, dont les membres de U2, qui ont racheté le Clarence Hotel sur Wellington Quay.

9 National Photographic Archive★

Meeting House Square
☎ 603 0374
www.nli.ie
Lun.-sam. 9h30-17h, dim. 12h-17h
Accès libre.

Des expositions tournantes puisent dans le fonds de la Bibliothèque nationale plus de 600 000 dessins et photographies, sur tous les thèmes de l'histoire du pays. Ces archives sont accessibles au public au moyen de microfilms ou sur leur catalogue en ligne (www.catalogue.nli.ie), pratiques pour une recherche particulière. Vous pouvez aussi commander (renseignements et tarifs sur place).

10 The Clarence Hotel★

6-8 Wellington Quay
☎ 407 0800
www.theclarence.ie
Octagon Bar : dim.-mer. 12h-23h, jeu.-sam. 12h-1h.

Ce n'est pas seulement le plus bel hôtel de Dublin avec son élégante façade classique et Art déco. C'est aussi l'hôtel

Les marchés de Temple Bar

- **Cow's Lane Market, sam. 10h-17h.**
Le plus branché des marchés consacrés à la mode et au design avec des pièces uniques de jeunes créateurs : tenues de soirée, lingerie, bijoux, fringues rétro et accessoires.

- **Food Market, Meeting House Square, sam. 10h-16h30.**
Véritable institution à Dublin, ce petit marché très sympathique réunit le meilleur des petits producteurs, artisans et cultivateurs irlandais. Une excellente pause gourmande !

- **Book Market, Temple Bar Square, sam.-dim. 11h-18h.**
Les amoureux des livres fouineront ici avec plaisir. L'ancien côtoie le neuf, les grands classiques de la littérature se frottent aux romans les plus récents.

et le pied-à-terre de Bono et The Edge, les membres les plus célèbres du groupe de rock U2 ! Envie de croiser les stars ? Tentez votre chance à l'**Octagon Bar** avec sa coupole des années 1930 : c'est ici que les rockers se délassent à Dublin. Sinon, vous pouvez toujours louer les deux étages du Penthouse avec terrasse panoramique ajoutée sur le toit de l'hôtel en 1996 : il a été entièrement conçu à leur goût.

⑪ Project Arts Centre★

39 Essex Street East
☎ 881 9613
www.projectartscentre.ie
Lun.-sam. 11h-19h.

Lieu qui confirme la vocation culturelle du quartier de Temple Bar, le Project Arts Centre soutient toutes les formes d'art contemporain à travers une programmation riche et éclectique dans ses deux salles de spectacles et sa galerie : danse, théâtre, arts visuels, musique jazz, populaire ou électronique, peinture, sculpture, installations et performances. Le centre accueille aussi bien les jeunes talents que les artistes confirmés. Procurez-vous le programme à l'accueil.

⑬ Sunlight Chambers★

À l'angle d'Essex Quay et de Parliament Street.

Au bord du quai, la façade d'un batiment se détache en raison de ses fenêtres de style néoroman, et à cause de ses frises en relief et en couleurs de style Art nouveau. L'édifice fut érigé au début du XXe s. par les frères Lever, les fabricants du fameux savon Sunlight. La frise raconte justement l'histoire de la fabrication de ce savon et son rôle dans l'hygiène élémentaire. Il s'agit d'une bande dessinée éducative, en quelque sorte !

⑫ Pour une pause *home made* : The Porter House★

Unique à Dublin, un pub qui propose des bières brassées sur place. Et, être brasseur indépendant à Dublin, fief de la toute-puissante Guinness, tient de l'exploit ! N'y allez donc pas pour la célèbre brune, mais plutôt pour l'une des douze bières maison. Si vous êtes d'humeur aventureuse, essayez la formule dégustation pour toutes les goûter (3 échantillons pour 5,50 €). Sinon, tentez la Wrassler XXXX, qui bat la Guinness même sans chauvinisme.

16-18 Parliament Street
☎ 679 8847 – www.porterhousebrewco.com
Lun.-mer. 11h30-minuit, jeu. 11h30-1h, ven.-sam. 11h30-2h, dim. 12h-23h.

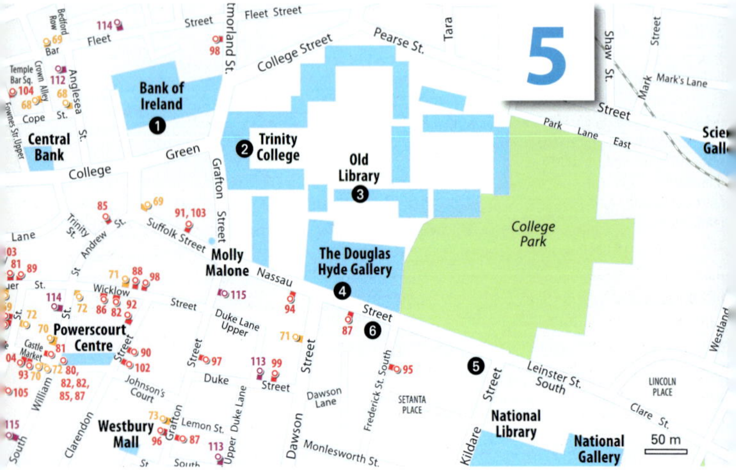

Voir plan détachable
D3 et zoom H7/I7-8

Du côté de Trinity College

Une université célèbre, un Parlement devenue banque nationale, l'un des plus fameux manuscrits enluminés du Moyen Âge ou encore les expos géniales d'une galerie scientifique… le cœur battant de Dublin est un quartier aux plaisirs variés. C'est aussi le centre de l'artisanat traditionnel, des tweeds rêches aux poteries rustiques et des créations minimalistes des designers.

1 Bank of Ireland*

2 College Green
☎ 677 6801
www.bankofireland.com
Lun.-mar. 10h-16h, mer. 10h30-16h, jeu. 10h-17h, ven. 10h-16h
Accès libre
Voir « Pour en savoir plus » p. 43.

Cette agence de la Banque d'Irlande fut le Parlement national jusqu'à sa dissolution en 1800 par l'Union Act. La façade sud, avec portique et galerie à colonnade, date de 1739. L'autre portique, côté est, fut ajouté en 1789 par James Gandon (Custom House, Four Courts) pour servir d'entrée à la Chambre des lords qui a survécu. La Chambre des députés, elle, fut transformée en une magnifique salle des guichets au début du XIXe s. Vous pourrez la visiter comme tout client de la banque.

2 Trinity College*

College green
☎ 896 2320
www.tcd.ie
Oct.-avr. : lun.-sam. 9h30-17h, dim. 12h-16h30 ; mai-sept. : t. l. j. 9h30-16h30
Voir « Pour en savoir plus » p. 42.

La plus ancienne université d'Irlande fut fondée en 1592 par Élisabeth Ire d'Angleterre. Réservée aux protestants jusqu'en 1873, elle fut le symbole de la domination des Anglais. Les écrivains irlandais les plus célèbres, comme Jonathan Swift, Synge ou Oscar Wilde en ont « essuyé les bancs ». À gauche se situe la chapelle où les étudiants servent la messe. Les bâtiments les plus anciens sont ceux de briques rouges.

③ Old Library & *Book of Kells*★★★

Trinity College, Fellow's Square
☎ 896 2308
Oct.-avr. : lun.-sam. 9h30-17h, dim. 12h-16h30 ; mai-sept. : lun.-sam. 9h-17h30, dim. 9h30-17h30
Entrée plein tarif : 10 € (audioguide : 5 €)
Voir « Pour en savoir plus » p. 42.

Dans Trinity College, la bibliothèque est hébergée dans une pièce longue de 65 m et haute de 15 m. Sous la voûte lambrissée sont alignés 200 000 livres anciens, dont des manuscrits sacrés du Moyen Âge : le *Book of Kells* (le plus connu), celui d'Armagh et celui de Durrow. Les enluminures et la calligraphie en font un des trésors de l'humanité. La harpe du XVe s. est l'instrument symbole du pays.

④ The Douglas Hyde Gallery★★

Trinity College (accès par Nassau Street)
☎ 896 1116
www.douglashydegallery.com
Lun.-ven. 11h-18h (19h jeu.), sam. 11h-16h45
Accès libre.

Si les enluminures du *Book of Kells* vous laissent de marbre, cherchez l'émotion du côté de cette galerie d'art contemporain créée en 1978 au sein du Trinity College. Au programme : des expositions de peintures et de sculptures, mais aussi des installations et des vidéos d'artistes émergeants ou reconnus d'Irlande et d'ailleurs ! On y a vu récemment les clichés de l'Italien Luigi Ghirri et les fabuleuses peintures de l'artiste britannique Rose Wylie. Des magazines d'art, des catalogues et des publications de la galerie sont en vente sur place.

⑤ Kilkenny Centre★★

6-15 Nassau Street
☎ 677 7066
www.kilkennyshop.com
Lun.-mer., ven. 8h30-19h, jeu. 8h30-20h, sam. 8h30-18h30, dim. 11h-18h30.

Le plus prestigieux magasin traditionnel de Dublin a su conserver une incroyable collection de modèles intemporels, en y ajoutant une touche de créativité grâce aux jeunes stylistes. Les tricots y sont revisités en coton, lin ou soie. Côté maison (15-150 €), on délaisse la porcelaine pour les poteries rustiques, comme les faïences aux motifs campagnards de Nicholas Mosse.

⑦ Science Gallery★★

Trinity College, The Naughton Institute, à l'angle de Pearse Street et Westland Row
☎ 896 4091
www.dublin.sciencegallery.com
• Expositions : mar.-ven. 12h-20h, sam.-dim. 12h-18h
• Café, boutique : lun. 8h-17h, mar.-ven. 8h-20h, sam.-dim. 12h-18h
Accès libre.

Voilà une galerie d'exposition qui pourrait bien réconcilier tous les nuls en maths avec les sciences ! À travers quatre expositions par an, la Science Gallery dévoile les phénomènes scientifiques derrière nos gestes et expérimentations du quotidien, du fonctionnement de la mémoire aux probabilités de gain au jeu, des illusions d'optique aux oscillations du monde vivant… De la science digeste, interactive et sans aucun complexe !

⑥ Pour une pause qui change : KC Peaches★

Las de l'*irish stew* et des *shepherd's pie* ? Cette cafétéria moderne pourrait bien être votre planche de salut. Avec son buffet gargantuesque de salades hyper-originales, ses plats du jour éclectiques (du poulet au citron au curry indien) et son ambiance vibrionnante, c'est un vrai remède à la déprime ! Le principe est simple : choisissez votre type d'assiette (de 4,90 € la petite à 9,95 € la grande) – ou votre boîte en carton pour un *take away* – et garnissez-la à volonté. Petit conseil : arrivez avant 12h30 pour éviter la foule.

28-29 Nassau Street
☎ 633 6872 – www.kcpeaches.com
Lun.-ven. 8h-20h, sam. 9h-19h, dim. 10h-17h.

Voir plan détachable
D3-4 et zoom G7-8/I7-8

Autour de St Stephen's Green

De St Stephen's Green au Trinity College, vous vous trouvez dans le Dublin des boutiques prestigieuses, des échoppes créatives, des galeries d'art, des vieux pubs et des beautés religieuses insoupçonnées. De quoi satisfaire les mordus de shopping comme les férus de patrimoine. Au centre, St Stephen's Green déploie ses allées ombragées, son étang et ses célébrités de bronze… Respiration bucolique en perspective !

❶ The Little Museum of Dublin★★

15 St Stephen's Green
☎ 661 1000
www.littlemuseum.ie
T. l. j. 9h30-17h (20h jeu.)
Entrée plein tarif : 7 €.

Ce musée dédié à l'histoire de Dublin au XXe s. est l'œuvre commune de ses habitants. Ses deux pièces ont été arrangées à

la façon d'un salon privé, avec feu de cheminée et fauteuils moelleux ! Aux murs, un siècle d'histoire défile, de la visite de la reine Victoria en 1900 aux célébrations du passage à l'an 2000. Des peintures, photographies, lettres, cartes postales, publicités, journaux et objets souvent émouvants.

2 St Stephen's Green★★

T. l. j. de 7h30 au crépuscule, (à partir de 9h30 dim.)
Accès libre
Voir « Pour en savoir plus » p. 51.

Ces 9 hectares de nature sont le rendez-vous de tous les Dublinois. À l'heure du déjeuner, on y croise lycéens, hommes d'affaires, retraités bavards alignés sur les bancs et grappes d'enfants venus nourrir les pigeons. Près de la pièce d'eau un joli kiosque rétro abrite les amoureux. C'est aussi un parc de sculptures : Robert Emmet, Arthur Guinness, Joyce, Yeats, tout le gotha politique et littéraire de Dublin est là !

3 Newman House★★

85-86 St Stephen's Green South
☎ 475 7255
F. pour travaux jusqu'en 2018
Voir « Pour en savoir plus » p. 51.

Au XIXe s., ces deux maisons abritaient l'université catholique (James Joyce y fit ses études), le pendant du très protestant Trinity College. Leur construction remonte à la grande période georgienne et la splendeur de la décoration intérieure en illustre l'élégance. Les murs et les plafonds sont ornés de stucs baroques très élaborés, incluant des personnages nus. Avant de transformer l'un des salons en chapelle, l'évêque exigea qu'on les rhabillât ! La Newman House étant actuellement fermé pour travaux, il ne sera pas possible de les contempler avant 2018.

4 Newman University Church★★★

87A St Stephen's Green
☎ 475 9674
www.universitychurch.ie

Passez sous ce petit porche roman très discret, il vous conduira à l'une des perles secrètes de Dublin : la Newman University Church. Elle doit son nom à son bâtisseur, John Henry Newman, fondateur en 1854 de la première université catholique d'Irlande. Une église ? Plutôt une « grange » selon le vœu de Newman, une fantaisie somptueuse inspirée des basiliques romanes et richement décorée de peintures et de marbres de couleur.

5 Iveagh Gardens★

Après la foule de St Stephen's Green, ce jardin enclavé au milieu des immeubles est une parenthèse étrangement sereine tout près du centre. Vastes pelouses, fontaine chantante, arbres centenaires, marronniers et bouquets de houx, avec, tout autour, les vieux murs qui bordent les jardins des maisons. La partie nord présente une zone en creux qui accueille des représentations théâtrales très originales.

6 Mansion House★★

Dawson Street
☎ 222 6200
www.dublincity.ie
Fermé au public.

La résidence officielle du maire de Dublin est la plus ancienne

7 Pour une pause cosy : Café en Seine★★

Tout en longueur, avec de hauts plafonds et un décor opulent de style Art déco, c'est le rendez-vous des jeunes branchés. Selon l'heure de la journée, on y commande café et brioches, thé et scones, ou bière, assis dans de confortables fauteuils. On peut aussi y manger midi et soir (pour 25 € maximum). Le dimanche, le brunch est accompagné de jazz *live*.

39 Dawson Street
☎ 677 4567
www.cafeenseine.ie
Lun.-mer., dim. 12h-minuit, jeu.-sam. 12h-3h.

maison indépendante de la ville (1710) et sûrement l'une des plus belles. Sa façade, avec fronton, parapet et porche en fer forgé, est un modèle d'équilibre. La Round Room (rotonde) à l'arrière – visible depuis Joshua Lane – fut bâtie en 1821 pour la visite du roi George IV (l'oncle de la future reine Victoria). Ironie de l'histoire, c'est au même endroit que se réunit le premier Parlement irlandais en janvier 1919.

8 St Ann's Church*

Dawson Street
T. l. j. 10h-16h.

L'architecture néoromane de cette église anglicane, datant de 1868, est assez banale. Un détail amusant à l'intérieur : sur une étagère, à gauche de l'autel, vous verrez un ou deux pains rassis, laissés pour les pauvres suivant la tradition de charité. La coutume veut, ainsi, que 120 pains soient déposés chaque semaine et que quiconque puisse se servir sans craindre d'être questionné. Certains jours, concerts gratuits à l'heure du déjeuner (détails à l'entrée).

9 Molly Malone

À l'angle de Grafton Street et Suffolk Street.

Personnage d'une chanson populaire écossaise, Molly Malone a trouvé une gloire inattendue de ce côté-ci de la mer d'Irlande. À tel point que The Dubliners, U2 et Sinéad O'Connor en ont enregistré leur version... En 1988, le maire de Dublin institua même une journée Molly Malone (le 13 juin), en même temps qu'il fit ériger cette statue ! Au-delà des querelles sur son identité, « *The tart with the cart* », la poule à la carriole comme l'appellent les Dublinois, rappelle l'immense misère de la population, réduite à la mendicité.

10 Westbury Mall*

Johnson Court, Grafton Street.

Ouvrant sur Johnson Court, une ruelle donnant dans Grafton Street, cette mignonne arcade au style rétro rassemble quelques jolies boutiques de déco ou de cadeaux, et deux cafés. À droite, vous rejoignez Clarendon Street et Powerscourt. En face, la galerie débouche sur Harry Street.

11 Powerscourt Centre**

59 South William Street (accès possible par Clarendon Street)
☎ 671 7000
www.powerscourtcentre.com
Lun.-ven. 10h-18h (20h jeu.), sam. 9h-18h, dim. 12h-18h.

Cette galerie commerciale était au XVIIIe s. l'hôtel particulier de lord Richard Wingfield, troisième vicomte de Powerscourt, surnommé le « comte français » tant il aimait s'habiller à la dernière mode parisienne. L'ensemble s'organise autour d'une cour centrale à galeries où sont installés restaurants (The Pepper Pot, voir p. 70) et bars, mais aussi des boutiques ravissantes : joailliers, antiquaires, galeries d'art, prêt-à-porter de luxe. Au dernier étage, le **Design Centre** présente les plus beaux fleurons de la mode irlandaise.

12 George's Street Arcade*

Accès par Drury Street et South Great George's Street
www.georgesstreetarcade.ie
Lun.-mer., sam. 9h-18h30 jeu.-ven. 9h-19h, dim. 11h-18h.

Entre Castle Market et South Great George's Street, ce petit

passage couvert ressemble à un marché aux puces, avec ses fripiers, ses bouquinistes, ses marchandes de bijoux fantaisie, et le parfum de l'encens qui s'échappe des boutiques. Vous y trouverez aussi des snacks bon marché et des étals gastronomiques pour les gourmets.

⑬ The Printmakers Gallery

25 Drury Street
☎ 671 4978
www.theprintmakersgallery.ie
Lun.-sam. 11h-17h30
Accès libre.

Difficile d'imaginer qu'un si petit espace recèle autant de beautés. Cette galerie du SoDa s'est fait une spécialité des gravures modernes – lithographies, eaux-fortes, sérigraphies, estampes – et expose les meilleurs artistes irlandais du genre. Paysages irlandais de Niamh Mac Gowan, portraits sensibles de Maev Lenaghan, eaux-fortes botaniques de Jean Bardon ou lithographies torturées de Brian Maguire... Voici peut-être l'occasion de repartir de Dublin avec une œuvre unique (à partir de 250 €).

⑮ Whitefriar Street et Whitefriar Street Church*

56 Aungier Street
☎ 475 8821
www.carmelites.ie
Lun.-sam. 8h-18h,
dim. 8h-20h.

L'église aujourd'hui la plus populaire de Dublin fut construite en 1823 en retrait

de la rue pour ne pas offenser les protestants. On y accède par un corridor où les fidèles s'arrêtent boire à la fontaine sacrée de saint Albert de Sicile. Pèlerinage obligé des amoureux, l'église abrite les supposées reliques de saint Valentin, offertes par le pape Grégoire XVI en 1835. Mais le vrai trésor se situe sous le dôme étoilé près de l'entrée : *Notre-Dame de Dublin*, une Vierge à l'enfant en bois du XVe s. qui a miraculeusement survécu aux actes iconoclastes de la Réforme.

⑭ Pour une pause « tradi » : Stag's Head**

Le pub possède un décor victorien intact avec un comptoir en marbre rouge du Connemara, tout en boiseries patinées, et une atmosphère chaleureuse et conviviale dans une douce pénombre. Il faut venir ici pour manger l'une des meilleures *pub food* de Dublin, servie entre 12h et 18h. Essayez le traditionnel *bacon & cabbage* (10,95 €) ou une viande, par exemple. En plus, l'accueil est sympathique et amical. Musique traditionnelle au sous-sol du jeudi au samedi soir.

1 Dame Court
☎ 679 3687
www.louisfitzgerald.com/stagshead
Lun.-jeu. 11h-0h30, ven.-sam. 11h-1h, dim. 13h-minuit (lunch : t. l. j. 12h-18h).

Voir plan détachable
D3-4/E4 et zoom G7-8/I8

De Merrion Square à Grand Canal

À partir de Merrion Square – et de son *green* charmant – voici une promenade dans le Dublin des squares georgiens, symbole du triomphe de l'élite anglo-protestante au XVIIIe s. Ce quartier résidentiel et très chic abrite aussi les grandes institutions politiques – gouvernement et Parlement irlandais – et culturelles du pays avec la Galerie nationale et le Musée national d'archéologie.

❶ Merrion Square★★

Ce vaste square georgien évoque le Dublin du début du XIXe s. avec ses hautes maisons de ville en brique, ses portes colorées et ses grilles en fer forgé. De nombreuses célébrités ont vécu ici, dont W. B. Yeats et Oscar Wilde. La statue de ce dernier, réalisé avec 40 variétés de pierres fines, est la curiosité du parc (angle nord-ouest). Nonchalamment allongé sur un rocher, il adresse un sourire

sarcastique à la maison de famille, située juste en face au n° 1.

❷ Number 29★

29 Lower Fitzwilliam Street
☎ 702 6163
www.esb.ie/no29
Avr.-oct. : mar.-sam. 10h-17h ; visite libre ou guidée (15h, en anglais)
Entrée plein tarif : 6 €.

Après avoir démoli une vingtaine d'immeubles

georgiens pour construire son siège, l'ESB (Electricity Supply Board) a tenté de se racheter en restaurant cette maison de ville bourgeoise du XVIIIe s. La visite guidée se fait en anglais. Cuisine et quartier de la gouvernante au sous-sol, pièces de réception au rez-de-chaussée, chambre des parents au premier, boudoir au deuxième, et nurserie au dernier étage. On admire l'énorme maison de poupée à la taille des enfants.

3 Louise Kennedy*

56 Merrion Square South
☎ 662 0056
www.louisekennedy.com
Lun.-jeu. 9h-18h, ven. 9h-17h, sam. 10h-17h.

La styliste irlandaise Louise Kennedy a choisi l'une des maisons georgiennes du très sélect Merrion Square pour présenter ses collections et de l'artisanat haut de gamme, du vase de cristal au service de porcelaine. Une fois franchie la lourde porte noire, six paisibles bouddhas de terre cuite donnent un avant-goût de l'élégance et de la sérénité qui parcourent les cinq étages. Bougies (à partir de 29 €), service à thé, vêtements pour bébé, cravates ou foulards, savons de luxe, bijoux...

4 Museum of Natural History**

Merrion Street Upper
☎ 677 7444
www.museum.ie
Mar.-sam. 10h-17h, dim. 14h-17h
Accès libre.

Vieilles vitrines, parquet grinçant... voilà un musée qui a peu changé depuis son ouverture en 1857. Et c'est tant mieux ! Les zoologistes en herbe y trouveront leur compte : plus de 10 000 spécimens de la faune irlandaise et du monde entier y sont exposés, du cerf géant de Monaghan au tigre du Népal. Les amateurs de magie aussi : la découverte de la sublime galerie supérieure, comme animée de milliers de regards furtifs, est un moment inoubliable.

5 National Museum of Archeology***

Kildare Street
☎ 677 7444
www.museum.ie
Mar.-sam. 10h-17h, dim. 14h-17h
Accès libre
Voir « Pour en savoir plus » p. 52.

Achevé en 1890 pour héberger les collections archéologiques nationales, ce musée est l'une des merveilles de Dublin. Ses collections embrassent plus de 8 000 ans de création humaine irlandaise et européenne – trompettes de l'âge de fer, hausse-col en or de l'âge de bronze, broches en or de Tara (VIIIe s.), sabre viking (IXe s.), croix de Cong (XIIe s.) – et s'aventurent jusque dans la glorieuseuse Égypte ainsi que dans la Chypre ancienne.

6 Leinster House*

Kildare Street
☎ 618 3000
www.oireachtas.ie
Visite guidée seulement

lun.-ven. 10h30 et 14h30
Accès libre.

L'imposant bâtiment, qui occupe le fond de la cour entre le National Museum et la National Library, abrite depuis 1922 les débats du Parlement irlandais (Chambre des députés et Sénat). Cette grandiose demeure était à l'origine celle du duc de Leinster. On dit que l'architecte de la Maison Blanche s'en inspira. La façade arrière qui donne du côté de Merrion Square est la plus impressionnante, avec ses immenses pelouses. L'ensemble évoque l'époque georgienne et son élégance.

7 National Gallery★★★

Merrion Square West,
Clare Street
☎ 661 5133
www.nationalgallery.ie
Lun.-sam. 9h30-17h30, (20h30 jeu.), dim. 12h-17h30
Accès libre
Voir « Pour en savoir plus » p. 47.

Maîtres espagnols du Siècle d'or, luministes flamands, peintres de la Renaissance italienne… les collections de la National Gallery sont prodigieuses ! Mais pour beaucoup invisibles, faute de place. Vous pourrez, au gré des accrochages, croiser Rembrandt, Velázquez,

Mantegna, Poussin ou encore Le Caravage et sa sublime *Arrestation du Christ* (1602). De son côté, la galerie irlandaise permet de découvrir la peinture moderne de John Lavery et de Jack B. Yeats.

8 Sweny's★★

1 Lincoln's Place
☎ 087 713 2157
www.sweny.ie
T. l. j. 11h-17h.

A priori, Sweny's n'est qu'une vieille boutique remplie de fioles d'apothicaire, mais pour les fans d'*Ulysse*, le roman de James Joyce, c'est la pharmacie la plus importante au monde ! En effet, c'est ici que Leopold Bloom, le héros, rencontre le pharmacien Sweny, puis repart avec un savon au citron, talisman de son épopée dublinoise. Les sympathiques personnes qui animent aujourd'hui le lieu donnent des lectures des œuvres de Joyce (en anglais et en français) et vendent le fameux savon au citron (5 €).

9 Government Buildings★

Merrion Street Upper
☎ 619 4000
www.taoiseach.gov.ie
Visite guidée le sam. 10h30, 11h30, 12h30 et 13h30
Tickets gratuits à la National Gallery.

Cet imposant édifice protégé derrière de hautes grilles abritait, au début du XXe s., le Royal College of Science. Il est désormais le siège de différents ministères, et le *Taoiseach* – ou Premier ministre – y a son bureau. Évoquant le coût des travaux de rénovation effectués, un détracteur rebaptisa l'endroit *Chas Mahal* (Chas est un diminutif de Charles, prénom du Premier ministre d'alors).

10 The Royal Hibernian Academy★★

15 Ely Place
☎ 661 2558
www.rhagallery.ie
Lun.-sam. 11h-17h (20h mer.)
Accès libre.

Dans l'ordonnancement de cette rue georgienne, le cube blanc de

la Gallagher Gallery fait l'effet d'un coup de tonnerre. Sur trois niveaux baignés d'une lumière zénithale, cette vénérable institution présente ici la crème de la création contemporaine irlandaise et internationale. Depuis 190 ans, pendant deux mois à partir de la fin mai, l'exposition annuelle montre au public les œuvres des membres de l'Académie et celles d'artistes invités. En 2016, l'exposition aura lieu exceptionnellement en mars en raison des célébrations du centenaire de l'indépendance irlandaise.

⑪ Pour une pause bio : Ely Wine Bar★★★

Adresse coup de cœur, ce bar à vins sert aussi à manger toute la journée, snacks ou plats traditionnels le midi, cuisine plus élaborée le soir. Tous les produits sont bio et la carte des vins compte plus de 400 crus différents. Essayez l'*organic beef carpaccio* (12,50 €) et les fromages irlandais d'exceptionnelle qualité.

22 Ely Place – ☎ 676 8986 – www.elywinebar.com
Lun.-jeu. 12h-23h30, ven. 12h-0h30, sam 17h-0h30
Plats : 8,50 €-25 €
Verre de vin : 6-15 €.

⑫ Fitzwilliam Square★

Fitzwilliam est un peu la quintessence du square georgien : uniforme, rectiligne, austère mais pas sans grandeur. Des grands squares du XVIIIe s., c'est le dernier à voir le jour (1791-1828), après ceux de Mountjoy et de Parnel au nord de la Liffey, et celui de Merrion au sud. Comme souvent, la vraie perle est au centre, dans son magnifique parc dont la ceinture boisée a été conservée intacte depuis les années 1800. Un terrain de jeu idéal pour une promenade façon *gentry*.

⑬ Grand Canal Walk★★

Ce canal, creusé à la fin du XVIIIe s. pour relier la côte ouest à Dublin par la rivière Shannon, était, à l'époque, le plus long du Royaume-Uni. Il n'est plus utilisé pour le commerce fluvial depuis 1960, mais il est devenu l'une des plus agréables balades de la capitale, en particulier entre Mount Street et Leeson Street. Berges herbues, peintres amateurs, pêcheurs, enfilades de maisons georgiennes en font un parcours préservé. Le long de la rive, notez la statue très réaliste d'un homme sur un banc : c'est l'écrivain Patrick Kavanagh qui venait ici composer des poèmes.

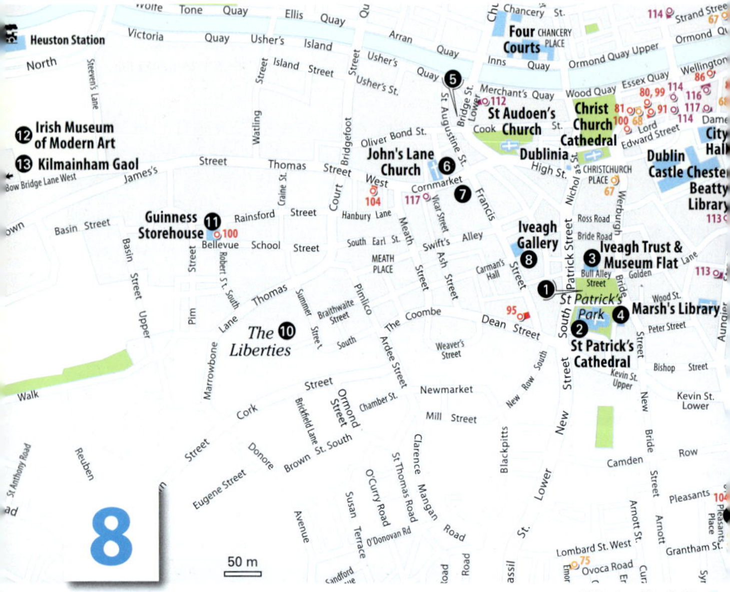

8

Des Liberties à Kilmainham Gaol

Voir plan détachable
A3-4/C3-4 et zoom G7-8/H7-8

Si vous pensez avoir épuisé les richesses de Dublin, filez jusqu'au quartier des Liberties. Vous y trouverez une cathédrale, le temple des amateurs de Guinness, un musée d'art moderne génial, le plus vieux pub d'Irlande, la plus grande concentration d'antiquaires de la capitale, et une prison désaffectée où tous les plus grands nationalistes ont séjourné… Dépaysement et éclectisme garantis !

❶ Saint Patrick's Park*

Patrick Street,
St Patrick's Close
☎ 222 5278
Lun.-ven. 8h-16h30 (21h l'été), sam.-dim. 10h-16h30 (21h l'été).

Selon la tradition, c'est ici que saint Patrick baptisa les premiers chrétiens irlandais, auprès d'un puits alimenté par les eaux de la rivière Poddle. Le parc, quant à lui, date de 1904.

Il a été créé lorsque le Iveagh Trust, fondé par le célèbre brasseur Edward Guinness, fit nettoyer la zone de ses logements insalubres. Une aération du paysage qui permettait aussi de mettre en valeur la cathédrale.

❷ St Patrick's Cathedral**

St Patrick's Close
☎ 453 9472

www.stpatrickscathedral.ie
Mars-oct. : lun.-ven. 9h30-17h, sam. 9h-18h, dim. 9h-10h30, 12h30-14h30 et 16h30-18h ; nov.-fév. : lun.-ven. 9h30-17h, sam. 9h-17h, dim. 9h-10h30 et 12h30-14h30
Entrée plein tarif : 6 €
Voir « Pour en savoir plus » p. 44.

L'actuelle cathédrale anglicane d'Irlande était à l'origine une modeste église, bâtie au XIIe s. en dehors des murs de la cité médiévale. Ce n'est qu'en 1213, après un conflit avec la cathédrale de Christ Church, qu'elle accède au statut de cathédrale. Son doyen le plus célèbre fut Jonathan Swift (1667-1745), l'auteur des *Voyages de Gulliver* (une plaque gravée au sol, à l'extrémité ouest, indique sa tombe).

3 Iveagh Trust & Museum Flat*

Bull Alley Street et Patrick Street
• Museum Flat : 3B Iveagh
• Buildings : Patrick Street
Visite guidée slt lun.-ven., résa 1 semaine à l'avance au ☎ 454 2312
www.theiveaghtrust.ie
Accès libre, participation volontaire (5 €).

Ces immeubles furent bâtis à partir de 1896 à l'initiative d'Edward Guinness (lord Iveagh) pour offrir des logements abordables aux travailleurs pauvres de Dublin. Sa vocation n'a pas changé depuis cette époque : l'hôtel central accueille toujours les plus démunis de la capitale, tandis que les appartements, désormais modernisés, hébergent des familles très modestes. L'appartement 3B, inchangé depuis les années 1900, a été laissé intact à la mort de sa locataire en 2002. Une incursion passionnante dans la vie des plus modestes Dublinois.

4 Marsh's library*

St Patrick's Close
☎ 454 3511
www.marshlibrary.ie
Lun., mer.-ven. 9h30-17h, sam. 10h-13h.
Entrée plein tarif : 3 €.

C'est à l'archevêque Narcissus Marsh que l'on doit la plus ancienne bibliothèque publique d'Irlande, un petit bijou construit en 1701 par sir William Robinson. Quelque 25 000 imprimés du XVIe au XVIIIe s. et 300 manuscrits sommeillent dans les splendides étagères en chêne vieilles de 300 ans. Les ouvrages les plus précieux sont conservés dans des niches grillagées, dans lesquelles les lecteurs étaient enfermés à clef ! Parmi ces trésors se trouvent les *Epistolae ad Familiares* de Cicéron, imprimées en 1472 et une *Histoire de la révolte de Clarendon* annotée par Jonathan Swift.

6 John's Lane Church

St John's Priory
94-96 Thomas Street
☎ 677 0393
www.johnslane.ie

5 Pour une pause patriotique : The Brazen Head**

Une auberge existait déjà ici au XIIe s., en retrait de la rue, car elle était un relais de diligence. Avec ses poutres basses, son comptoir et ses planchers usés, le pub a gardé tout son caractère. Les nationalistes irlandais, comme Parnell, O'Connell ou Grattan, l'ont maintes fois fréquenté. Bien que prisé des touristes, il reste une bonne adresse pour déjeuner au bar (goûtez le *steamed mussels*) ou écouter de la musique le soir.

20 Bridge Street Lower
☎ 679 5186 ou 677 9549 – www.brazenhead.com
Lun.-dim. 10h-minuit (0h30 ven.-sam.)
Pinte de Guinness à 5,20 €.

Lun.-sam. 9h-18h, dim. 9h-13h
Accès libre.

Cette église aux dimensions de cathédrale fut bâtie à la fin du XIXe s. par Edward Pugin et illustre bien le goût de l'époque victorienne pour le néo-gothique, dont elle est le plus bel exemple dublinois. Le portail central et les fenêtres hautes sont majestueux. À l'intérieur, dans le bas-côté est, ne manquez pas le vitrail de Michael Healy représentant la vie de saint Augustin (1934) et, à côté, les quatre saints irlandais par Harry Clarke, à qui l'on doit aussi les vitraux du célèbre Bewley's Cafe de Grafton Street !

7 Francis Street★★

www.artsandantiquesquarter.ie

Paris a la Rive gauche, Londres, Portobello Road et Dublin, Francis Street ! Ses 400 m concentrent la crème des antiquaires de la capitale, du mobilier georgien (**O'Sullivan** au n° 43), aux créations Art nouveau et Art déco (la boutique de **Michael Mortell**, au n° 53, est fantastique), sans oublier les spécialistes de l'horlogerie (**Timepiece** au n° 57), de la porcelaine (**Greenes Antique** au n° 67) et quelques généralistes (**Yeats Country** au n° 67) où vous trouverez de petits objets décoratifs à prix plus abordables.

8 Iveagh Gallery★★

38 Francis Street
☎ 086 829 4054
www.iveaghgallery.ie
Lun.-sam. 10h-18h
Accès libre.

Lavery, Garstin, O'Colmain, O'Reilly, Burke… non, vous n'êtes pas à la National Gallery ! Eh oui, vous pourrez repartir avec l'un de ces petits chefs-d'œuvre ! À condition tout de même d'y mettre le prix, et surtout de convaincre le galeriste, Patrick O'Driscoll : à les avoir trop longtemps fréquentés, il n'a ni l'envie ni le besoin de les céder… Ce qui fait de sa galerie le plus beau des musées !

9 Pour une pause au top : The Cake Café★

C'est une adresse un peu secrète, cachée au fond d'une petite cour, à l'ombre de bambous. The Cake Café ne fait pas seulement des gâteaux (*lemon slice* à 4,35 €), c'est

aussi une super option pour un déjeuner léger : des tartes salées du jour (7,40 €), des soupes réconfortantes (4,95 €) et les incontournables *baked beans* (6,90 €). Vous craquerez forcément pour le design de sa ligne maison.

The Daintree Building, Pleasants Place – ☎ 478 9394
www.thecakecafe.ie
Lun.-sam. 9h-18h.

⑩ The Liberties

À l'ouest de St Patrick's Cathedral, vous abordez un quartier ouvrier très vivant. Il fourmille de boutiques pas chères, de petits marchés et de pubs sans décor et sans prétention où les hommes se retrouvent pour discuter. Pour une immersion pittoresque, poussez jusqu'à **Coombeet Meath Street** (bazars et bonnes affaires en tout genre), avant de rejoindre **Thomas Street** au nord, où s'est implanté le College of Art & Design.

⑪ Guinness Storehouse*

St Jame's Gate (bus 123, arrêt Steven's Lane depuis O'Connell Street ou Dame Street)
☎ 408 4800

www.guinness-storehouse.com
T. l. j. 9h30-17h
(juil.-août 9h30-19h)
Entrée plein tarif : 20 € (-20 % avant 11h30, -10 % sur Internet).

Surtout un hommage au sens commercial de la célèbre brasserie, la visite permet de découvrir l'histoire de la publicité de la marque. Un peu cher, malgré la pinte de Guinness offerte au bar.

⑫ Irish Museum of Modern Art*

Royal Hospital, Military Road (LUAS, ligne rouge, arrêt Heuston Station)
☎ 612 9900
www.imma.ie
Mar.-ven. 11h30-17h30, sam. 10h-17h30
Accès libre.

Depuis sa réouverture en octobre 2013 après plusieurs mois de travaux de rénovation, l'IMMA a retrouvé l'ensemble des imposants bâtiments du Royal Hospital, l'un des édifices du XVIIe s. les plus remarquables d'Irlande. On y découvre des œuvres d'art moderne et d'art contemporain puisées dans une collection de plus de 3 500 pièces. Animée régulièrement par des expositions temporaires, la collection permanente reflète les courants les plus intéressants de l'art irlandais et international depuis les sculptures de Picasso jusqu'aux œuvres provocantes de Damien Hirst, en passant par les impressions de William Crozier ou les photographies de Gilbert & George.

⑬ Kilmainham Gaol**

Inchicore Road (bus 69 ou 79, arrêt Kilmainham Jail, depuis Aston Quay)
☎ 453 5984
www.heritageireland.ie
Avr.-sept. : t. l. j. 9h30-18h ; oct.-mars : lun.-sam. 9h30-17h30
Entrée plein tarif : 7 €.

La visite de cette prison fermée en 1924 passionnera les amateurs d'histoire irlandaise. Après une présentation du mouvement nationaliste et de ses héros, vous visiterez les trois étages de cellules dont certaines furent occupées par les grands chefs rebelles, puis par les membres de l'IRA. Le dernier de ces prisonniers fut De Valera, élu président irlandais en 1959.

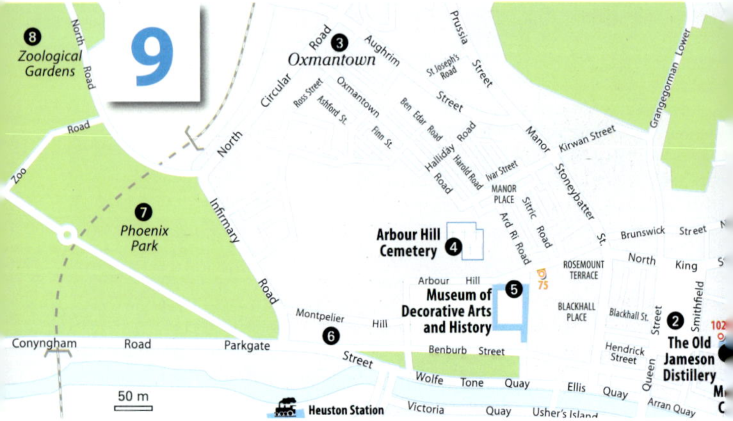

Voir plan détachable A2-3/C2-3

De Oxmantown à Phoenix Park

Dès 1665, Smithfield Market accueillait un ancien marché au bétail. Au XIXe s, ce sont les distilleries qui envahirent le quartier. D'ailleurs, la haute cheminée de la distillerie Jameson domine encore l'ancienne place du marché. Aujourd'hui, le marché au bétail a disparu, la foire aux chevaux aussi et les distilleries ont fermé. Drapeau de la réhabilitation urbaine, Smithfield Market a subi de nombreuses transformations : logements modernes, bureaux, commerces… et ses fameux 12 mâts géants ainsi que leurs panneaux faisant songer à des voiles.

❶ The Old Jameson Distillery★★

Bow Street (LUAS, ligne rouge, arrêt Smithfield)
☎ 807 2355
Lun.-dim. 10h-17h30 (dernière visite guidée à 17h15)
Entrée plein tarif : 15 €.

L'histoire du whiskey et un périple à travers les anciennes distilleries avec odeurs reconstituées, puis dégustation de différentes marques. Parcours intéressant et boutique pour acheter la bouteille rare (29 €) ou le souvenir alcoolisé.

❷ Third Space

14 Smithfield Market
☎ 529 7208
www.thirdspace.ie
Lun.-ven. 7h30-19h, sam. 9h30-17h, dim. 10h-16h.

Ce grand café sur l'ancienne place du marché s'est donné pour mission d'insuffler une bonne dose de convivialité dans un quartier un peu morose. De grandes tables où venir en famille ou entre amis, une bonne sélection de journaux, de magazines et de bouquins, des concerts, des débats, des cours de tricot et de cuisine. Ajoutez-y des sandwichs pleins de soleil (5,45 €), des tartes salées (5,95 €), des salades du jour et une bonne sélection de bières et de vins (5 € le verre)…

❸ Oxmantown (*Ostmentown*)★

Sitric Place, Olaf Road, Thor Place, Sigurd Road… rassurez-vous, les hommes du nord (*Ostmen*) ne traînent plus dans le quartier, mais ces noms de rues rappellent que

c'est ici que les Vikings, après l'invasion normande, fondèrent le village d'Ostmentown. Ces rues paisibles alignent de jolies maisons d'artisans construites au tournant du XIXe s. Autre référence locale, la librairie de l'éditeur Antony Farrell (**Lilliput Press** : 62-63 Sitric Road, www.lilliputpress.ie, lun.-ven. 10h-18h) qui depuis 30 ans publie beaux livres, romans et essais sur l'Irlande et son histoire.

4 Arbour Hill Cemetery

Arbour Hill
Lun.-ven. 8h-16h, sam. 11h-16h, dim. 9h30-16h
Accès libre.

Ce petit cimetière militaire, caché derrière l'église du Sacré-Cœur et la prison de Arbour Hil, est l'un des lieux les plus émouvants de la capitale. C'est ici que furent enterrés, en 1916, les signataires de la proclamation d'indépendance (Patrick Pearse, James Connolly…) après leur exécution à Kilmainham Gaol. Le monument qui leur rend hommage reprend, gravé dans la pierre, le texte de la proclamation.

5 Museum of Decorative Arts and History**

Collins Barracks, Benburb Street (LUAS, ligne rouge, arrêt Museum)
☎ 677 7444
www.museum.ie
Mar.-sam. 10h-17h, dim. 14h-17h
Accès libre.

Installée dans une impressionnante caserne de 1701, cette annexe du National Museum est consacrée aux collections d'arts décoratifs et aux traditions populaires. Mobiliers, outils et objets usuels racontent la petite histoire de l'île. Le dernier étage présente 250 ans de mode vestimentaire et de bijoux en Irlande, comme cet amusant flacon de parfum à périscope pour guetter un bel homme potentiel !

7 Phoenix Park*

Conyngham Road (bus 25, 66 ou 69, arrêt Bus Garage, depuis Upper Ormond Quay)
☎ 820 5800
www.phoenixpark.ie
T. l. j. 7h-23h.

Avec ses 707 hectares et ses 11 km de murs d'enceinte, Phoenix Park est le plus grand parc urbain d'Europe. Créé en 1662, ce parc royal n'a pas seulement bois et prairies à offrir : le plus ancien club de cricket du pays, la résidence de la République, un zoo et le gigantesque obélisque de Wellington (il célèbre la défaite de Napoléon à Waterloo) sont quelques-uns de ses joyaux.

8 Zoological Gardens**

Phoenix Park (bus 25, 66 ou 69, arrêt Bus Garage, depuis Upper Ormond Quay)
☎ 474 8900
www.dublinzoo.ie
Janv. : t. l. j. 9h30-16h30 ; fév. : t. l. j. 9h30-17h ; mars-sept. : t. l. j. 9h30-18h ; oct. : t. l. j. 9h30-17h30 ; nov.-déc. : t. l. j. 9h30-16h
Entrée plein tarif : 16,80 €.

Les 28 hectares de ce zoo accueillent les plus belles espèces de la planète (orangs-outans de Bornéo, éléphants d'Asie, crocodiles du Nil, flamands du Chili…), mais ils reconstituent également de vastes écosystèmes (savane africaine, forêt tropicale d'Inde…) permettant aux espèces de vivre en groupe dans un environnement très proche de l'original. Une très belle surprise.

6 Pour une pause clé en main : Ryan's*

L'un des pubs les plus photographiés pour ses belles boiseries victoriennes et ses vitraux. Les amoureux du secret apprécieront de boire dans les *smugs*, petits compartiments privés où l'on peut même fermer le verrou ! Pour ne rien gâcher, le barman a la réputation de tirer la bière à la perfection. Ambiance chaleureuse le week-end. On peut déjeuner ou dîner à l'étage.

28 Parkgate Street – ☎ 677 6097 – www.ryans.fxbuckley.ie
Restaurant : lun.-jeu. 12h-15h et 17h 22h, ven. 12h-23h, sam. 14h-23h, dim. 12h30-22h.

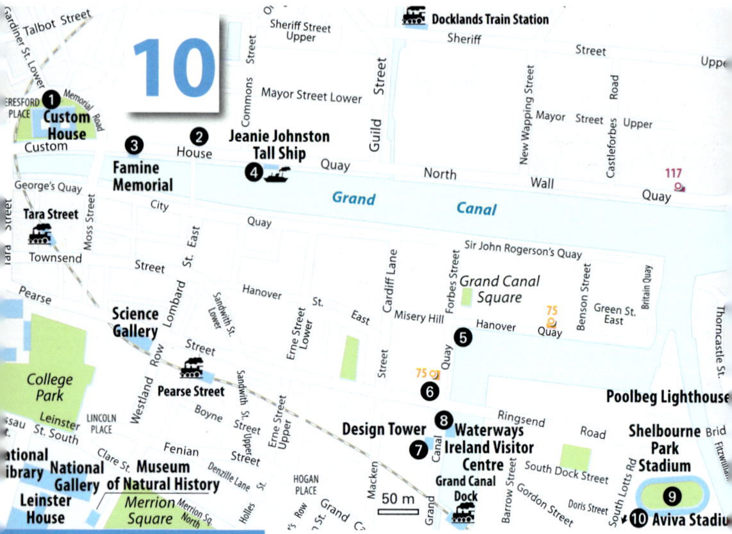

Dublin Docklands

Voir plan détachable
D3-4/F3-4

La richesse de Dublin tenait jadis à son port florissant. Aujourd'hui, après des décennies d'abandon, les plus grands architectes donnent aux anciens docks les traits du XXIe s. Peu à peu, le cœur battant de Dublin migre vers ces horizons maritimes longtemps délaissés. De Custom House à la presqu'île de Poolbeg, entre patrimoine et modernité, c'est une échappée vivifiante vers la baie de Dublin.

1 Custom House★★

Custom House Quay
Fermé au public.

Achevé en 1791, l'Hôtel des Douanes de J. Gandon est l'un des plus beaux monuments de Dublin. Trois-mâts et vapeurs remontaient jusqu'ici déclarer leurs cargaisons de vin, de tabac, de céréales et de charbon avant de les stocker dans les entrepôts construits autour de bassins en retrait du fleuve. Le George's Dock et son système d'écluses et de ponts mobiles témoignent de cette époque florissante à laquelle l'arrivée du chemin de fer (1866) mettra un terme. Désormais, sous son dôme à colonnade, siège le ministère de l'Environnement et du Patrimoine.

2 CHQ Building★

Custom House Quay
☎ 673 6054

www.chq.ie
Lun.-ven. 7h-19h,
sam. 10h-18h, dim. 12h-18h.

Cet ancien entrepôt de stockage de tabac et de vin, inauguré en grande pompe en 1821, est l'une des fiertés de Dublin. Conçu par John Rennie, il est surnommé le Banquet Hall après le banquet offert à 3 000 Irlandais de la guerre de Crimée (1854-1855). Aujourd'hui, le CHQ Building abrite sous sa structure métallique révolutionnaire des restaurants et un marché tous les vendredis à partir de 11h. Il accueille aussi des concerts et des expositions. En sous-sol se trouvent de très belles voûtes en brique du XIXe s.

3 Famine Memorial*

Custom House Quay.

Ce groupe de personnages efflanqués, sculptés par R. Gillepsie, rend hommage aux disparus de la Grande Famine (1845-1851). Déjà affamés par les grands propriétaires anglo-protestants, puis confrontés au mildiou de la pomme de terre – alors la base de l'alimentation pour un tiers de la population – près d'un million de paysans meurent de faim et de maladie en quelques années, et plus d'un million doivent encore émigrer. Tout cela sous le regard presque impassible du gouvernement du Royaume-Uni, alors la plus riche puissance au monde.

4 Jeanie Johnston Tall Ship**

Custom House Quay
En face du Jury's Inn hôtel
☎ 473 0111
www.jeaniejohnston.ie
Voir site Internet pour les horaires de visites (guidées slt)
Entrée plein tarif : 9 €.

Ce trois-mâts est la réplique aux deux tiers du *Jeanie Johnston*, célèbre pour avoir transporté jusqu'à Québec et New York, sans aucune perte, plus de 2 500 migrants irlandais fuyant les ravages de la Grande Famine. La visite guidée est passionnante et permet, à travers la reconstitution des cales et de la vie à bord, de comprendre cet exploit et de suivre les fortunes et les infortunes de ces migrants vers le Nouveau Monde.

5 Grand Canal Dock**

Autour de ce bassin en « L », jadis domaine des meuniers et des fonderies, les autorités ont piloté la création d'un pôle urbain. La vie de ce quartier à l'architecture audacieuse s'organise autour d'un large choix de bars et de restaurants.

6 Pour une pause à l'italienne : Il Valentino*

Le Tout-Dublin se presse dans cette boulangerie italienne réputée pour cuire les meilleurs pains et les meilleures viennoiseries de la capitale. Pains de Toscane, *pane pugliese* (pain de campagne), ou *ciabatta* pour de délicieux sandwichs garnis de fromage et de charcuterie italienne, c'est l'endroit idéal pour un déjeuner léger.

Grand Canal Harbour
☎ 633 1100
www.ilvalentino.ie
Lun.-ven. 7h-19h,
sam. 9h-18h, dim. 9h-18h.

Il est aussi un centre d'affaires et un centre culturel important. Le Grand Canal Square planté de mâts rouges, œuvre de Martha Schwartz, et dominé par le théâtre de Daniel Libeskind et le Grand Canal Square Hotel de Manuel Aires Mateus est l'une des plus belles places de Dublin.

7 Design Tower★

Trinity Centre,
Grand Canal Quay
☎ 677 5655
www.thedesigntower.com
Lun.-ven. 10h-17h ou sur r.-v.

À l'intérieur de cette tour de granit aux airs de caserne, 36 studios et autant de sculpteurs, peintres, bijoutiers, céramistes, orfèvres, restaurateurs de tableaux qui tous excellent dans leur domaine grâce au soutien des laboratoires de recherche scientifique du Trinity College. Vous les verrez donc sertir, polir, graver ou tailler et pourrez repartir avec votre coup de cœur (les œuvres sont chères). Les nôtres ? Les bronzes (à partir de 500 €), les céramiques de la sculptrice Ayelet Lalor (studio 26) et les bijoux contemporains mâtinés d'influences celtiques de Breda Haugh (65-250 €).

8 Waterways Ireland Visitor Centre★

Grand Canal Quay
☎ 677 7510
www.waterwaysireland visitorcentre.org
Mer.-dim. 10h-18h
(oct.-avr. : f. sam.-dim.)
Accès libre (visite guidée : 8 €).

The Box on the Docks (la boîte sur les quais), son surnom dublinois, est un passionnant espace d'exposition retraçant la construction et le rôle économique des canaux irlandais. Point névralgique du système, Dublin, et ses deux grands canaux – Grand Canal et Royal Canal – construits aux XVIIIe et XIXe s. pour alimenter les minoteries et les fonderies de la capitale et son commerce maritime. Après la leçon d'ingénierie fluviale, vous pourrez vous initier à la conduite virtuelle d'une péniche et prolonger la balade sur les berges du Grand Canal.

9 Shelbourne Park Stadium★★

Shelbourne Park, S. Lotts Road
☎ 668 3502
www.igb.ie
Mer.-jeu. à partir de 18h30 (courses à 20h), sam. à partir de 18h (courses à 19h45)
Entrée plein tarif : 10 €.

La piste de sable du Shelbourne réunit les amateurs de courses de lévriers. En famille ou entre amis, on vient ici passer la soirée et parier sur des courses de vitesse ou de poursuite à vue sur leurre (le fameux lièvre). Lorsque les 6 lévriers s'élancent pour atteindre plus de 60 km/h, les tribunes grondent de joie.

⑩ Aviva Stadium*

Landsdowne Road
☎ 238 2300 ou 232 0878 (résa)
www.avivastadium.ie
Billet à retirer sur place, à réserver par téléphone ou sur Internet
Visite guidée seulement : t. l. j. 10h-16h (15h nov.-janv.), si vous ne réservez pas sur Internet, appelez pour confirmer les horaires
Entrée plein tarif : 10 €.

Robbie Williams, Madonna et Rihanna s'y produisent, mais officiellement, le grand stade de Dublin (2010) appartient aux équipes nationales de rugby et de football (le football gaélique, lui, se joue dans l'atmosphère survoltée de Croke Park). L'ouvrage impressionne moins par sa capacité (51 000 à 65 000 spectateurs) que par la beauté de sa carapace ondulante de verre et d'acier. La visite guidée (vestiaire, salle de presse, pelouse et gradins) plaira aux férus de sport.

⑪ Vers la baie de Dublin**

Au-delà de Grand Canal débute la presqu'île de Poolberg, dominée par le parc sportif de Ringsend au nord, la réserve naturelle d'Irishtown et le parc de Seán Moore au sud. La vie urbaine s'éloigne, un espace sans obstacles s'ouvre sur la mer et la côte incurvée de la baie de Dublin, refuge de nombreuses espèces d'oiseaux. À marée basse, les plages découvertes offrent un vaste terrain de jeu et de promenade cher aux Dublinois.

⑫ Poolbeg Lighthouse**

South Wall.

Prêt pour une balade vivifiante ? Objectif : le phare rouge croquignolet de Poolbeg. Construit en 1820, il commande toujours

l'entrée de la baie de Dublin. Cependant, pour l'approcher, il vous faudra d'abord traverser la réserve naturelle d'Irishtown et le parc de Seán Moore, puis passer au pied des immenses cheminées (207 m) de la centrale électrique de Poolbeg, avant d'entamer la remontée du South Wall, l'une des plus longues jetées d'Europe (plus de 2 km), une prouesse. Un petit conseil : choisissez un temps clément ou sortez bottes et cirés !

Trinity College

La création du collège sur l'ancien site d'un monastère, décidée par Élisabeth Ire, remonte à 1592. Ouvert, à l'origine, uniquement aux protestants, les catholiques y furent admis à partir de 1873 et les femmes en 1903. De grands écrivains comme Samuel Beckett, Oscar Wilde ou Bram Stoker (l'auteur de *Dracula*) ont fréquenté l'endroit.

Suivez les étudiants !

Pour entrer, vous n'aurez qu'à suivre les étudiants et, une fois passée l'entrée principale donnant sur Parliament Square et son campanile, trois cours intérieures pavées et des pelouses s'offriront à vous. Bordant Library Square, vous trouverez le bâtiment le plus ancien, achevé en 1700 et surnommé *Rubrics*.

Le Treasury

Avant d'accéder à la Old Library, une exposition présente les chefs-d'œuvre de l'enluminure irlandaise. On y découvre les étapes de fabrication du livre, le travail des copistes et les techniques d'ornementation au Moyen Âge. Clou de la visite, le *Book of Kells* est mondialement réputé pour ses somptueuses illustrations. Les 680 pages qui composent les quatre Évangiles

furent peuplées de personnages et d'animaux au IXe s. par les moines de l'île d'Iona, en Écosse. Ces derniers s'exilèrent à Kells en 806 pour fuir les Vikings.

La Long Room

Cette pièce, longue de 65 m et haute de plus de 15 m, est impressionnante pour sa décoration et les trésors qu'elle recèle. La galerie est bordée de bustes en marbre d'étudiants devenus célèbres, tel Jonathan Swift, et des trois prix Nobel de littérature : Yeats, Shaw et Beckett. Une affiche de la proclamation de la République d'Irlande en 1916 (moins d'une dizaine existent encore, sur un tirage de 2 500) est exposée, ainsi que la harpe la plus ancienne d'Irlande (probablement du XVe s.). Avec plus de 200 000 textes anciens, elle a longtemps été la plus grande bibliothèque d'Europe.

> COORDONNÉES

Voir p. 22

- **Université :**
College green (I6-7)
☎ 896 2320
www.tcd.ie
Oct.-avr. : lun.-sam. 9h30-17h, dim. 12h-16h30 ; mai-sept. : t. l. j. 9h30-16h30.
- **Old Library :**
☎ 896 2308
Oct.-avr. : lun.-sam. 9h30-17h, dim. 12h-16h30 ; mai-sept. : lun.-sam. 9h-17h30, dim. 9h30-17h30
Entrée plein tarif : 10 €. (audioguide 5 €).

Bank of Ireland

Premier édifice au monde conçu pour accueillir deux chambres législatives, l'ancien Parlement d'Irlande abrite depuis 1808 la Bank of Ireland. Construite entre 1729 et 1739, la partie centrale de ce bâtiment de style georgien est l'œuvre de l'architecte Edward Lovett Pearce. James Gandon y ajouta par la suite l'aile orientale et des colonnes corinthiennes. Si l'on regrette la disparition de la Chambre des communes dans un incendie en 1794, on se console en visitant la somptueuse Chambre des lords, restée intacte.

Un rôle politique

L'édifice garde le souvenir du célèbre parlementaire Henry Grattan, ardent défenseur de l'indépendance nationale. Grâce à ses talents d'orateur, il obtint l'autonomie du Parlement en 1782. Une statue le représentant a été installée en 1879 devant la façade de College Green. Toutefois, cette indépendance fut de courte durée : l'Acte d'union avec l'Angleterre mit un terme à l'existence du Parlement qui, après sa dissolution, fut directement rattaché à Londres en 1800. La Banque nationale d'Irlande se porta acquéreur de l'édifice en 1803 et, après des travaux d'aménagement, y ouvrit ses portes en 1808.

La Chambre des lords

C'est la seule partie du Parlement à n'avoir pas été modifiée par la banque. L'accès est libre aux heures d'ouverture de la banque. Des boiseries ainsi que le plafond à caissons mettent en valeur cette salle richement décorée. Des tapisseries retraçant la bataille de la Boyne et le siège de Londonderry sont exposées. Le portique, ajouté en 1785, est l'œuvre de James Gandon. Le lustre de 1788, composé de 1 233 pièces, est certainement la pièce la plus somptueuse de la salle.

> COORDONNÉES

Voir p. 22
2 College Green (I6-7)
☎ 677 6801
www.bankofireland.com
Lun.-mar. 10h-16h, mer. 10h30-16h, jeu. 10h-17h, ven. 10h-16h
Visite guidée le mar. 10h30, 11h30 et 13h45
Accès libre.

Saint Patrick's Cathedral

Construite à proximité d'un puits où saint Patrick aurait donné le baptême au Ve s., le plus vieux site chrétien d'Irlande n'était à l'origine qu'une petite chapelle de bois. Élevée au rang de cathédrale en 1191, la plus grande église d'Irlande fut érigée en pierre au XIIIe s. sous l'impulsion de l'évêque anglo-normand John Comyn. Les dommages infligés par les siècles, les conflits religieux et les flammes mirent en péril l'édifice, mais grâce aux dons de la famille Guinness, Saint-Patrick fut restaurée au XIXe s.

Péripéties d'un monument

La première université d'Irlande s'y installa au XIVe s. Retournée au culte deux siècles plus tard, elle devint l'église des petites gens, par opposition à Christ Church, fréquentée par la bourgeoisie anglaise. Cromwell l'utilisa comme écurie pour ses soldats et, quand les huguenots français se réfugièrent à Dublin au XVIIe s., ils s'en servirent comme lieu de culte. Saint-Patrick est aujourd'hui la deuxième cathédrale protestante de Dublin et abrite une exposition permanente, *Living Stones*, sur le rôle de la cathédrale dans l'histoire de la cité.

Les monuments funéraires

La cathédrale abrite plusieurs tombeaux de personnalités irlandaises. Celui de la famille Boyle est à voir pour son originalité. Le comte de Cork l'a fait construire en mémoire de sa seconde épouse, il représente la défunte et sa famille. Le premier président d'Irlande, Douglas Hyde, repose également là. Le tombeau le plus fameux est celui de Jonathan Swift. L'auteur de pamphlets contre le pouvoir anglais et des *Voyages de Gulliver* fut également le doyen de Saint-Patrick. Il repose aux côtés de sa compagne Esther Johnson, connue sous le nom de Stella.

La porte percée

Assez étonnant pour le lieu, à l'ouest de la nef, une porte en bois qui fut percée en 1492 pour marquer la réconciliation de lord Kildare et de lord Ormonde à la suite d'un duel. Lord Kildare y fit un trou afin de serrer la main de son adversaire, sans toutefois être obligé de lui faire face, car les deux hommes ne se faisaient pas confiance.

> COORDONNÉES

Voir p. 32
St Patrick's Close (G8)
☎ 453 9472
www.stpatrickscathedral.ie
Mars-oct. : lun.-ven. 9h30-17h, sam. 9h-18h, dim. 9h-10h30, 12h30-14h30 et 16h30-18h ; nov.-fév. : lun.-ven. 9h30-17h, sam. 9h-17h, dim. 9h-10h30 et 12h30-14h30
Entrée plein tarif : 6 €.

Christ Church Cathedral

La plus ancienne cathédrale de Dublin fut fondée en 1037 par le roi viking Sitric Silkenbeard. À l'origine en bois, la petite église fut reconstruite en pierre au tournant du XIIe s., mais de cette période ne demeurent que la crypte et quelques chapiteaux. En 1487, elle voit le couronnement d'Édouard VI puis passe au culte protestant avec la Réforme au XVIe s. Il faut attendre le XIXe s. pour qu'une restauration lui donne sa physionomie néogothique actuelle. Un pont reliant le Synod Hall à Christ Church permet de visiter Dublinia avant la cathédrale.

Dublinia

Ce musée ludique permet de découvrir l'évolution de la ville de Dublin de 1170 et l'invasion anglo-normande jusqu'à l'avènement d'Henry VIII, en passant par la peste noire au XIVe s. ou par la fermeture des monastères en 1540. Le voyage nous mène ensuite au temps des Vikings avec la reconstitution de maisons et d'un navire viking. Avant de rejoindre Christ Church par le joli pont couvert, profitez de la superbe vue sur la ville depuis la Saint Michael's Tower.

Les trésors de la cathédrale

L'immense crypte médiévale qui s'étend sous l'édifice abrite quelques reliques et une petite exposition. Objets liturgiques et manuscrits évoquent les mille ans d'histoire de la cathédrale dont cette assiette ciselée offerte par le roi William III pour célébrer sa victoire à la bataille de la Boyne. Dans la chapelle Saint-Laud, un reliquaire renferme le cœur de saint Laurence O'Toole, bâtisseur de la cathédrale, archevêque et saint patron de Dublin tandis qu'un beau lutrin médiéval en laiton trône dans la partie nord de la nef.

La tombe de Strongbow

Rien n'indique clairement que la tombe surmontée d'un gisant qui se trouve sur le côté droit près de l'entrée soit celle du conquérant anglo-normand Strongbow, commanditaire de la cathédrale en 1172. Il est en revanche certain que ses reliques sont enterrées dans l'édifice. Le petit gisant voisin vient certainement du monument funéraire d'origine, probablement endommagé lors de l'effondrement de la toiture.

> COORDONNÉES

Voir p. 16

• Dublinia :
Winetavern Street (G7)
☎ 679 4611
www.dublinia.ie
Mars-sept. : t. l. j. 10h-17h30 ; oct.-fév. : t. l. j. 10h-16h30 (f. 24-26 déc.)
Entrée plein tarif: 8,50 €

• Christ Church Cathedral :
Christchurch Place (G7)
☎ 677 8099
www.christchurchcathedral.ie
Mars et oct : lun.-sam. 9h-18h, dim. 12h30-14h30 et 16h30-18h ; avr.-sept. : lun.-sam. 9h-19h ; nov.-fév. : lun.-sam. 9h-17h, dim. 12h30-14h30
Entrée plein tarif : 6 €.

Dublin Castle

Construit à la demande de Jean sans Terre en 1204, ce château représente quelque sept siècles de domination anglaise. C'est en effet ici que résidèrent jusqu'en 1922 les vice-rois d'Irlande nommés par l'Angleterre. Hormis la Tower Record, il ne reste pratiquement aucune trace de la bâtisse d'origine, notamment à cause de l'incendie de 1684. Les jardins en contrebas remplacent un plan d'eau, Black Pool ou Dubh Linn, qui a donné son nom à la ville. Site chargé d'histoire, Dublin Castle est toujours un lieu de pouvoir.

La cour supérieure *(Upper Yard)*

Après l'incendie de 1684, la cour fut aménagée pour accueillir les appartements d'État. Autrefois logements des vice-rois, les pièces ont conservé leurs magnifiques lustres en cristal de Waterford, les tapis de Killyberg ainsi que les tapisseries des Gobelins. La salle du Trône possède un siège royal offert, selon la légende, par Guillaume d'Orange après la bataille de la Boyne. À voir également : les remarquables stucs qui ornent la salle Apollo et l'ancienne salle de bal (St Patrick's Hall) dont les fresques au plafond symbolisent les relations entre l'Irlande et l'Angleterre. Elle accueille aujourd'hui la cérémonie d'investiture des présidents de la République.

La cour inférieure *(Lower Yard)*

Des fouilles y ont révélé des fortifications vikings et normandes. Unique vestige du XIIIe s., la Tower Record fut un temps une prison de haute sécurité. Elle abrite aujourd'hui un musée de la Police. Sur le côté, l'église de la Sainte-Trinité, construite au XIXe s., est vouée au culte catholique depuis 1943. Ancienne chapelle royale, elle mérite le détour pour sa façade néogothique flanquée d'une centaine de têtes de personnages illustres comme Swift ou saint Patrick.

> COORDONNÉES

Voir p. 17
Dame Street (G7)
☎ 645 8813
www.dublincastle.ie
Lun.-sam. 10h-16h45, dim. et j. f. 12h-16h45, f. 1er janv, Vendredi saint, 24-28 déc.
Entrée plein tarif : 6,50 €
Entrée avec visite guidée des appartements d'État : 8,50 € (les souterrains et la chapelle royale sont accessibles uniquement lors de la visite guidée).

National Gallery

Ouverte au public depuis 1864, la National Gallery recèle des chefs-d'œuvre de l'art européen du XIVe au XXe s : le Caravage, Vermeer, Goya, Picasso, Yeats… Engagé dans un grand et coûteux projet de rénovation de ses galeries historiques – les ailes Dargan et Milltown – le musée devrait pouvoir offrir dans le courant de l'année 2016 un écrin à la hauteur de ses richesses.

Peinture irlandaise (niveau 1, salles 2 à 5 et Long Gallery)

Consacrées à l'art irlandais du XVIIIe au XXe s., cette galerie présente une sélection de portraits, de paysages et de scènes urbaines. On peut y voir des toiles inspirées de l'école de Pont-Aven comme *La Jeune Bretonne* (1895) et *The farm at Lezaven, Finistère* (1894), de Roderic O'Conor ou *Market Day* (1882) de Harry John Thaddeus. À ne pas manquer, le grand portraitiste John Lavery et son sublime *Portrait of Lady Lavery as Kathleen Ni Houlihan* (1928). La Long Gallery présente les œuvres de Jack Butler Yeats – frère de William, le célèbre poète – figure incontournable de la peinture irlandaise du XXe s. Si *For the Road* ou *A Morning in the City* témoignent du style expressionniste de l'artiste, caractérisé par l'emploi de couleurs vives, l'effet de mouvement est tout aussi saisissant dans *The Singing Horseman* (1949).

Peinture européenne (niveau 1, salles 6 à 10)

Les différentes écoles européennes sont représentées dans ces quatre salles à travers un accrochage chronologique. La collection italienne s'ouvre avec *L'Arrestation du Christ* du Caravage, l'œuvre la plus célèbre de la galerie et comprend aussi Titien (*Ecce Homo*,1558-1560) et Mantegna (*Judith avec la tête d'Holopherne*, vers 1495). Chez les Flamands, on s'arrêtera devant le *Mariage paysan* de Peter Brueghel le Jeune, la *Main chaude* (1628) de Rembrandt et *Une femme écrivant une lettre et sa servante* (1670) de Vermeer. Principalement religieuse, la collection espagnole réunit des œuvres de Goya, Murillo et Zurbarán. Du côté des peintres français, rien de moins que Millet, Poussin, Fragonard et Picasso dont la *Nature morte avec mandoline* côtoie les paysages impressionnistes de Monet et Sisley.

> COORDONNÉES

Voir p. 30
Merrion Square West, Clare Street (D4)
☎ 661 5133
www.nationalgallery.ie
Lun.-sam. 9h30-17h30, (20h30 jeu.), dim. 12h-17h30
Accès libre.

Chester Beatty Library

Devant les ravissants jardins de Dubh Linn, un bâtiment du XVIIIe s. flanqué d'une extension moderne accueille la fabuleuse collection de manuscrits et d'œuvres d'art glanés en Asie, au Moyen-Orient, en Afrique du Nord et en Europe par sir Alfred Chester Beatty. Les deux galeries renferment, dans leur atmosphère feutrée, d'inestimables trésors de 2 700 av. J.-C. jusqu'au XXe s.

Collectionneur et philanthrope

Né à New York, Alfred Chester Beatty (1875-1968) passe par la Columbia University, puis rejoint Cripple Creek lors de la dernière ruée vers l'or du Colorado, où il commence à bâtir sa fortune. Au fil de ses investissements en Afrique et en Europe, le « roi du cuivre » collectionne timbres, minéraux et tabatières chinoises, puis des livres et des manuscrits. En 1911, il quitte les États-Unis pour l'Angleterre, puis découvre Le Caire où naît sa passion pour la culture islamique. En 1917, c'est la découverte de l'Asie où il acquiert corans et manuscrits moghols, turcs et perses de grande valeur, mais aussi des peintures japonaises et chinoises. Puis il bâtit sa collection européenne avec des manuscrits coptes, syriaques et grecs, et des gravures de grands maîtres. Devenu citoyen britannique (1933), il finit par accepter l'invitation de la toute jeune République d'Irlande à la rejoindre. À sa mort, il lui lègue toute sa bibliothèque.

Galerie 1 : traditions artistiques

• L'Occident

Voyage à travers toutes les époques et les cultures, la visite nous entraîne d'abord en Occident, à la découverte de somptueux manuscrits du Moyen Âge. Beatty a aussi collectionné plus de 33 000 gravures et dessins. Ne manquez pas les gravures d'Albrecht Dürer (1471-1528), en particulier *Les Quatre Cavaliers de l'Apocalypse* (*The Four Horsemen*) et *Le Monstre marin* (*The Sea Monster*), où une créature mi-homme mi-amphibien enlève une

femme nue. Parmi les livres rares, ne manquez pas les *Poèmes* de Charles d'Orléans, illustrés par Henri Matisse ou ce livre vantant les vertus du vin illustré par Raoul Dufy (*Mon docteur le vin*, 1936).

• L'Orient

De délicieuses miniatures persanes, turques ou indiennes nous guident ensuite vers l'Orient. Nos coups de cœur ? Cette scène, tirée du *Livre des rois* (Shahnama) représentant Tahmuras (le 3e shah) en chassant les *div*, ces esprits maléfiques de la mythologie iranienne qui aiment causer douleur et dévastation. Ou, encore, cette scène de chasse où Awrangzib, empereur des Grands Moghols au XVIIe s., chasse le nilgaut (une antilope bleue), le fusil posé sur les épaules de ses serviteurs.

• L'Extrême-Orient

Les richesses d'Asie se dévoilent par la suite avec une extraordinaire collection de livres de jade, créés pour l'empereur Qialong (dynastie des Qing) : le *Livre de la sagesse* est composée de 53 tablettes de jade, gravées et dorées avec le texte de la doctrine bouddhiste. Ne manquez pas les nombreuses autres merveilles de cette galerie, comme la collection de tabatières chinoises, les peintures japonaises et chinoises sur rouleaux de soie, et de nombreux objets traditionnels.

Galerie 2 : traditions sacrées

Les grandes religions sont à l'honneur dans cette galerie où sont exposés textes sacrés et manuscrits. Parmi les chefs-d'œuvre de l'art occidental : le *Livre des heures* de Coëtivy (*The Coëtivy Book of Hours*, Paris, 1443), un livre liturgique créé pour le Breton Prigent de Coëtivy. Observez bien les miniatures et leurs surprenants entourages, des drôleries représentant des enfants en train de jouer, mais aussi des singes à dos de chien ! Ou encore cette bible arménienne abrégée de Sérapion d'Édesse et ses magnifiques enluminures du Jardin d'Éden. La collection islamique comprend plus de 4 000 manuscrits, principalement en arabe, en perse et en turc ottoman. Les corans ne sont jamais illustrés, mais décorés d'enluminures aux motifs abstraits. Tous sont des œuvres prestigieuses, créées à l'époque pour des sultans, des shahs, des princes et de riches marchands du monde islamique. Parmi les trésors, ce splendide *Coran de Bagdad*, copié en l'an 1000 (391 de l'Hégire) par Ibn al-Bawwab, le maître de la calligraphie islamique au Moyen Âge.

> COORDONNÉES

Voir p. 17
Dublin Castle (G7-8)
☎ 407 0750
www.cbl.ie
Lun.-ven. 10h-17h, sam. 11h-17h, dim. 13h-17h (f. le lun. d'oct. à avr.)
Accès libre.

Hugh Lane Gallery of Modern Art

Ouvert au public dès 1908, ce musée doit son existence au legs de sir Hugh Lane. Grand amateur d'impressionnisme, celui-ci avait décidé de faire don de sa collection à la Dublin Corporation en 1905. Ne trouvant pas de lieu adéquat pour accueillir ses toiles, le mécène envisagea alors de faire appel à la National Gallery de Londres. La Dublin Corporation proposa la luxueuse demeure de Charlemont.

Une succession difficile

Le décès de sir Lane au cours du naufrage du *Lusitania* avant le règlement de la situation entraîna une bataille pour la possession des œuvres entre Londres et Dublin. Après plus de 50 ans de désaccord, Dublin a finalement gardé les peintures même si celles-ci sont prêtées à la National Gallery tous les cinq ans. Charlemont House a alors trouvé une nouvelle vocation : la *townhouse* du comte de Charlemont, construite au XVIIIe s. par le célèbre architecte William Chambers, abrite aujourd'hui une belle sélection d'impressionnistes français et présente aussi un bon aperçu de l'art contemporain irlandais.

La collection permanente

Forte de 2 000 œuvres d'art, la collection se compose de peintures, sculptures, dessins et vitraux des XIXe et XXe s. Le noyau légué par Hugh Lane comprend des œuvres des écoles de Barbizon et impressionnistes avec Corot, Millet, Puvis de Chavannes, Manet, Monet, Degas et Renoir, celles de leurs homologues irlandais comme Walter Osborne et John Lavery ainsi qu'une collection de la période victorienne avec les Anglais Burne-Jones et Albert Moore. L'art contemporain irlandais se découvre dans les peintures d'inspiration nationaliste de Sean Keating ou dans le modernisme de Mainie Jellett et Mary Swanzy.

L'atelier de Francis Bacon

En 1998, le musée fit l'acquisition de tout le contenu du studio londonien où l'artiste vécut et travailla de 1961 à 1992, année de sa disparition. Des historiens de l'art ont reconstitué minutieusement l'impressionnant chaos de cet atelier cher à Bacon avec plus de 700 pièces recensées (tableaux lacérés, matériel de peinture, photos…). Une découverte touchante de la vie de cet artiste hors du commun, de ses peintures et dessins, de ses inspirations toujours puisées dans les livres et les magazines, de ses techniques et méthodes de travail originales.

> COORDONNÉES

Voir p. 13
Charlemont House
Parnell Square North (C2)
☎ 222 5550
www.hughlane.ie
Mar.-jeu. 10h-18h,
ven.-sam. 10h-17h,
dim. 11h-17h
Accès libre.

Saint Stephen's Green

En 1880, d'anciens terrains appartenant à la ville de Dublin ont été transformés en un superbe parc de 9 hectares, avec un lac et des jardins. Sans l'aide financière d'Arthur Edward Guinness (ou lord Ardilaun), cet aménagement n'aurait pas été possible. Le plus célèbre des parcs victoriens d'Irlande, lieu de rendez-vous des étudiants de Trinity College, est réputé pour son calme.

Le parc

Au cours de votre promenade, vous rencontrerez de nombreuses statues créées en hommage aux grandes figures irlandaises : le buste de James Joyce, une stèle à la mémoire de Yeats réalisée en 1967 par Henry Moore, un monument à la gloire du nationaliste Wolfe Tone. À voir également : les maisons de style georgien qui bordent le parc. Aucune n'est semblable à l'autre et c'est ce qui fait tout le charme du lieu. Vous apprécierez certainement une pause à côté du lac, bordé de magnifiques arbres et de parterres fleuris. En été, ne manquez pas les concerts donnés sous le kiosque.

L'hôtel Shelbourne

Dans la partie nord du parc se dresse ce luxueux hôtel achevé en 1867. La décoration faite de statues de princesses nubiennes et de leurs esclaves est inchangée depuis. Son salon de thé est très prisé par les Dublinois. L'endroit est devenu célèbre en 1922, la chambre n° 112 étant le lieu où fut rédigée la Constitution.

Newman House

L'ancienne université catholique d'Irlande est maintenant séparée en deux, une partie du bâtiment est devenue le ministère des Affaires étrangères, mais l'autre partie se visite durant l'été. Construite en 1854, la demeure est un exemple typique du style georgien, avec à l'intérieur une profusion de stucs aux plafonds. Des étudiants célèbres ont fait leurs classes dans cette école : James Joyce ou le président de la République Eamon De Valera.

> COORDONNÉES

Voir p. 25

- **Parc (H8/I8):**
T. l. j. de 7h30 au crépuscule (à partir de 9h30 dim.)
Accès libre
- **The Shelbourne :**
27 St Stephen's Green North (H8/I8)
☎ 663 4500
- **Newman House :**
85-86 St Stephen's Green South (D3)
☎ 475 7255
F. pour travaux jusqu'en 2018.

National Museum of Archeology

Inauguré en 1890, le musée national d'archéologie abrite, dans un bel édifice victorien, une riche collection d'objets retraçant l'histoire de la civilisation irlandaise de 7 000 ans av. J. -C. au XIIe s. de l'ère chrétienne. Réparties sur deux niveaux, les collections nous mènent aussi sur les traces des anciennes civilisations égyptienne et chypriote. Le calice d'Ardagh, la crosse de Clonmacnoise ou la croix de Cong sont quelques-uns des chefs-d'œuvre du musée.

Le musée

La première découverte est celle du musée lui-même, et d'abord de la grande rotonde Renaissance – conçue sur le modèle du Panthéon de Rome – et de sa galerie à colonnade qui fait office de vestibule. Son élégante mosaïque de pavement, illustrant les signes du zodiaque, inaugure une série dédiée à la mythologie grecque et romaine à retrouver dans tout le musée. Cheminées de majolique, porte en bois sculpté et céramiques décoratives complètent la riche décoration du musée.

> COORDONNÉES

Voir p. 29
Kildare Street (D4)
☎ 677 7444
www.museum.ie
Mar.-sam. 10h-17h, dim. 14h-17h
Accès libre.

La galerie centrale

La visite débute par un voyage dans l'Irlande préhistorique – les âges de pierre, de bronze et de fer. Armes et outils montrent la vie des chasseurs et celle d'une colonie agricole. La reconstitution d'une tombe typique permet de découvrir les objets rituels et symboliques entourant la mort, dont la fabuleuse tête-massue de Knowth, finement sculptée dans le silex. Au centre, l'une des plus belles collections d'objets en or d'Europe donne à voir disques solaires, torques (colliers métalliques rigides), fibules (épingles de sûreté pour vêtements) et colliers façonnés dans le précieux métal.

Le trésor

Cette galerie retrace le développement de l'art irlandais, de l'arrivée des premiers peuples celtes à la fin du XIIe s. de notre ère. Parmi les œuvres les plus connues, ne manquez pas la cloche d'Armagh (réputée celle de saint Patrick) et sa châsse, le calice d'argent d'Ardagh (VIIIe s.) et la broche en argent de Tara (VIIIe s.) décorée d'or et incrustée d'émail et d'ambre sur ses deux faces. Néanmoins, le véritable trésor de ce

département est la croix de Cong. Elle fut créée en 1123 à la demande de Turlough O'Conor, grand roi d'Irlande, pour enchâsser un fragment de la vraie Croix. Finement décorée de filigranes d'or, d'argent, de verre et d'émaux, la croix comporte au centre un gros cristal de roche qui permettait d'exposer le saint fragment. À l'extrémité de la galerie, une exposition présente l'une des plus importantes découvertes de l'histoire du musée : le *Faddan More Psalter*, un livre des Psaumes datant du IXe s., conservé pendant 12 siècles dans l'épaisseur d'une tourbière.

Royauté et sacrifice

Les amateurs de macabre ne manqueront pas les « *bog bodies* », ces corps, victimes de sacrifices païens (400-200 av. J.-C.), retrouvés presque intacts dans la boue des marais d'Oldcroghan en 2003. Une fois le sacrifice accompli, les corps étaient disposés, le long des frontières tribales, dans des marais dont la composition chimique assurait leur conservation. Ce rituel devait renforcer le pouvoir des clans à l'âge de fer. Ces « corps des marais » sont exposés à côté des armes, insignes, harnachements de chars et vêtements retrouvés lors des fouilles.

L'Irlande des Vikings

L'invasion et le mode de vie des Vikings en Irlande sont évoqués à travers une collection d'armes, d'objets funéraires, et même de jeux, provenant pour l'essentiel de tombes vikings découvertes entre autres lieux à Kilmainham (Dublin). Cette galerie illustre les activités agricoles, l'importance de la pêche, mais aussi du commerce des esclaves comme en témoigne la longue chaîne d'esclave de 10 m et le crâne humain. À découvrir encore, les répliques grandeur nature de l'habitat viking à Dublin et la fabrication des objets précieux en or et en argent.

Égypte ancienne

Bijoux, momies, amulettes, urnes funéraires, statuettes… Les trésors de la collection égyptienne nous dévoilent l'antique civilisation du Nil, des débuts de l'agriculture

(5 000 ans av. J.-C.) à la christianisation à l'époque romaine (vers 395). Parmi les curiosités à ne pas manquer, cette remarquable embarcation du Nil avec sa foule de rameurs (IIe s. av. J.-C.) et le sarcophage peint et doré de la momie Tentdinebu (vers 945-716 av. J.-C.). La visite s'achève sur la conversion de l'Égypte au christianisme dans les premiers siècles de notre ère, un événement qui marqua la fin de l'antique et glorieuse civilisation égyptienne.

Des mégalithes à l'art des Celtes

Bien que la civilisation celte ne concerne qu'une petite partie de l'histoire de l'Irlande, elle est devenue son symbole. Cette culture, qui a rayonné bien au-delà des frontières de l'île grâce à l'influence des moines et des sages irlandais, ne doit pas être confondue avec l'art irlandais.

Une première vague d'envahisseurs

Bien avant l'arrivée des Celtes, l'île est peuplée par des envahisseurs venus d'Écosse. Ce sont les Fir Bolg, dont toutes les légendes irlandaises ont gardé la mémoire. Ils ont laissé de grands monuments mégalithiques, comme celui de Newgrange au nord de Dublin, qui montrent qu'ils pratiquaient un culte des morts élaboré et une certaine forme d'astronomie. Parmi les objets mis au jour lors de fouilles archéologiques, on a retrouvé de splendides colliers d'or massif, comme celui de Gleninsheen, réalisé 700 ans avant notre ère et exposé au National Museum of Archeology (voir p. 52).

L'arrivée des Celtes

Visible partout à travers l'artisanat, l'influence des Celtes sur l'Irlande est très profonde. Venant d'Europe continentale, ils débarquèrent sur l'île au IVe s. avant J.-C. La plus importante des tribus celtes est celle des Gaëls, arrivée d'Espagne (notamment de Galice) ou de France. Ces fiers guerriers domestiquent le cheval et manient les armes de fer avec dextérité.

Leur organisation sociale repose sur la famille et la tribu. Ils forment une communauté égalitaire, accordant aux femmes et aux poètes une place privilégiée. Leur monde spirituel est peuplé de dieux et de héros qui vont durablement inspirer l'imaginaire irlandais et sa poésie. Ils apportent également un début de gastronomie (pain au levain, bière, hydromel, beurre…).

De grands mystiques

Les Celtes pratiquent leur culte en pleine nature. Tout au long de l'année agricole, de grandes fêtes se déroulent en plein air. Leurs divinités symbolisent les forces de la nature, comme le ciel, la terre, l'eau, la lumière ou le feu. Le monde des morts est pour eux une réalité : ce n'est qu'un passage vers un autre univers, parallèle au nôtre, mais tout aussi réel. C'est peut-être ce qui explique leur bravoure lors des combats. Les maîtres à penser de leur société sont les druides, sages érudits qui transmettent leur savoir oralement. Le peuple celte possède un système de règles et de lois très précis. Ils attribuent les titres et le pouvoir par des élections.

L'âge d'or

Avec la chute de l'Empire romain, l'Europe sombre dans le chaos. L'Irlande, préservée de la conquête romaine par Jules César, reste le dernier bastion de la civilisation raffinée. À la même époque, la christianisation commence avec saint Patrick, l'un des premiers missionnaires à aborder, en 432, la terre d'Irlande. Il se heurte à l'héritage du mysticisme celte que la nouvelle Église ne parvient pas à éradiquer

totalement et qu'elle intègre en partie. Pourtant, le terrain est favorable et les monastères se multiplient. Celui de Glendalough, au sud de Dublin, dans le site préservé et romantique des Wicklow Mountains, donne une idée de la vie d'ermite de ces premiers moines, parmi les plus fins lettrés d'Europe. Dans les monastères, ils utilisent d'abord l'écriture celte *(ogbam)* puis latine. Leurs livres enluminés sont parmi les plus anciens manuscrits au monde, tel le *Book of Kells,* exposé au Trinity College, dont les enluminures somptueuses reprennent tous les motifs celtes d'entrelacs, d'oiseaux ou de dragons fantastiques (voir p. 42). Des Celtes, les chrétiens conservent l'organisation sociale, la large place accordée aux femmes, y compris dans les communautés religieuses, le goût des légendes, de la poésie et de l'art. On appelle alors l'Irlande « l'île des savants et des saints ». Cet âge d'or sera interrompu à la fin du VIIIe s. par l'arrivée des Vikings. Le site de Dublin, déjà occupé par les Celtes, est alors urbanisé par ces nouveaux colons.

La vogue néoceltique

Reflet de la fascination qu'avait le XIXe s. pour le passé culturel et artistique de l'Irlande, ce style décoratif fondé sur les motifs celtiques fut inspiré par les découvertes archéologiques comme celle de la broche de Tara en 1850, exposée au National Museum of Archeology (voir p. 52). Caractérisé par l'usage de symboles irlandais comme le trèfle ou la harpe, l'emprunt au *Book of Kells* des entrelacs et de l'écriture gaélique, ce style continue d'inspirer les joailliers irlandais dans leurs créations.

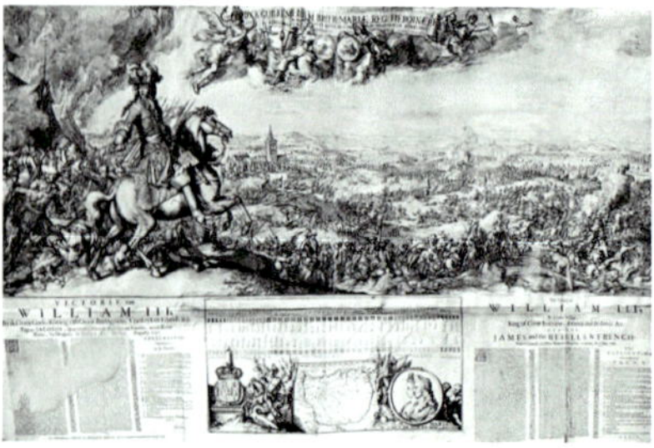

Bataille de la Boyne

Dublin, dix siècles de domination étrangère

Petit village celte, puis importante cité viking, Dublin est conquis au XIIe s. par les Anglo-Normands. Dès lors, et jusqu'en 1922, date de la proclamation de l'État libre d'Irlande, Dublin est une cité-État coloniale du royaume britannique. De Brian Boru à Silken Thomas, zoom sur sept siècles de révolte.

Les Vikings, maîtres de Dublin

C'est en 841, au niveau de l'actuel Wood Quay, que s'installe la première colonie viking. L'endroit, abrité des vents et proche de la mer d'Irlande, est idéal pour le commerce. Depuis 50 ans déjà, les redoutables marins et guerriers attaquent les côtes irlandaises, pillant les monastères. Ce sont eux, d'ailleurs, que fuirent les moines de Iona – une île des Hébrides – avant de rejoindre l'abbaye de Kells où ils achevèrent l'un des plus célèbres évangiles enluminés : le *Book of Kells* (voir p. 42). Le Viking, souvent pilleur, entame alors sa reconversion et développe le commerce extérieur. Ce peuple contrôle désormais de nombreux territoires : la mer d'Irlande, l'île de Man, de nombreuses citées anglaises et une partie de la France du nord-ouest. Cette même volonté de conquête le mène à affronter les Gaëls – des Irlandais descendant des premiers Celtes –, bien décidés à asseoir leur domination sur ce peuple venu du Nord. Les Vikings remportent la victoire et restent maîtres de Dublin. Au Xe s., la cité s'est développée et enrichie, grâce au commerce de peaux de bêtes, de bijoux et surtout d'esclaves que le redoutable Ivar le Désossé rafle sur les côtes écossaises.

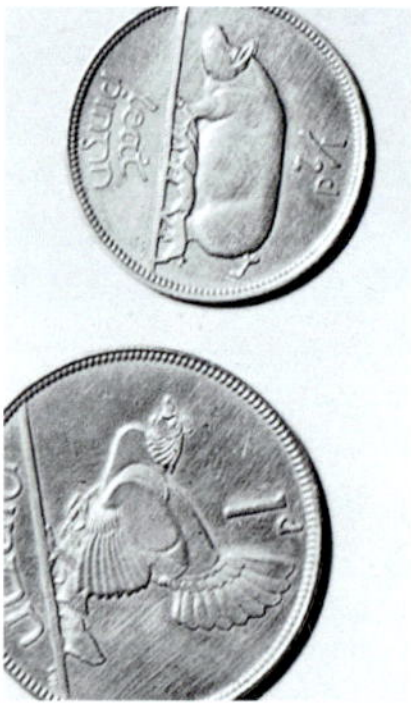

Pièces de monnaie vikings

Brian Boru

Le répit est de courte durée. Au début du XIe s., un roi irlandais se lève pour donner au pays son unité : Brian Boru (v. 941-1014). Face à lui, Máel Mórdha, roi de Leinster, et le roi de Dublin Sitric Silkenbeard. Appuyés par des troupes vikings venues d'Angleterre, de Norvège et du Danemark, ils s'affrontent à Clontarf en 1014. Les troupes de Brian Boru sont victorieuses mais leur chef meurt au combat. Ce n'est pas pour autant la fin des Vikings en Irlande. Ils conservent le contrôle de Dublin, jusqu'à l'invasion des Normands. Ils bâtissent notamment un formidable mur d'enceinte et Christ Church Cathedral (voir p. 45) à partir de 1037.

La conquête anglo-normande

En 1166, le roi de Leinster, Diarmait Mac Murchada, évincé par Rory O'Connor, roi de Connacht, demande le soutien d'Henri II d'Angleterre. Il ne tarde pas à recevoir l'aide de Strongbow, *alias* Richard de Clare. Aidé de ses vaillants archers gallois, il reprend le royaume de Leinster et s'empare de Dublin. Il épouse la fille de Mac Murchada, devenant, à la mort de ce dernier, roi de Leinster. Cependant, Henri II ne supporte pas l'idée qu'un vassal du roi d'Angleterre puisse diriger l'Irlande. En 1171, il débarque sur les côtes irlandaises, soumet les seigneurs irlandais et le récalcitrant Strongbow (voir p. 45). Henri repart en laissant son homme de main, Hugh de Lacy, en charge de la seigneurie d'Irlande. L'ère de la domination anglo-normande commence.

Le long Moyen Âge

Le commerce et les manufactures sont un élément vital de Dublin. Le colon anglo-normand introduit un système de corporations réservées aux « Anglais de nom et de sang », et interdit aux Gaëls. La ville s'étend chaque jour davantage. En 1215, on édifie le premier pont de pierre sur la Liffey. Le premier Parlement irlandais siège en 1264, mais au XIVe s., la colonisation semble reculer. Les Gaëls se renforcent, les colons se gaélisent (mariage, langue). Avec les grands incendies, puis la famine et la terrible épidémie de peste, toute la colonie anglo-normande est menacée. À la fin du XVe s., seule une petite partie de Dublin est réellement sous le pouvoir de la couronne d'Angleterre.

Le roi d'Angleterre Henri VIII

Henri VIII et la Réforme

Au moment où Henri VIII rompt avec Rome et établit la suprématie royale sur l'Église d'Angleterre (*Acte of Supremacy*, 1534), il doit aussi affronter la révolte des Kildare, gouverneurs de la seigneurie d'Irlande. Silken Thomas, comte de Kildare, dénonce l'apostat et veut expulser les Anglais. Il est arrêté, puis exécuté. En 1541, Henri VIII fait de l'Irlande un royaume, au même titre que l'Angleterre. Les monastères d'Irlande sont alors tous fermés. À Dublin, le plus important, le prieuré de All Hallows, est remplacé par le Trinity College (1592).

La bataille de la Boyne

En 1690, l'Irlande devient le théâtre d'un affrontement politique qui scelle le sort des catholiques irlandais pour longtemps : la bataille de la Boyne. Les troupes du nouveau maître de l'Angleterre, le protestant William III affrontent celles du catholique Jacques II, détrôné peu de temps avant. Les protestants remportent la victoire (voir les tapisseries de la Chambre des lords de la Bank of Ireland, p. 22). On promulgue rapidement des lois pénales interdisant aux catholiques irlandais d'acheter des terres et d'accéder à des fonctions publiques ou militaires. Ce n'est qu'un siècle plus tard, après l'héroïque combat d'O'Connell en 1829 (voir p. 59) que les catholiques d'Irlande regagnent leurs droits.

Vestiges vikings et normands

À l'exception des vestiges du **mur viking** (visible au Dublin City Council, Wood Quay, lun.-ven. 9h-17h) et de la **crypte de Christ Church Cathedral** (voir p. 16), les traces vikings sont rares. Le **Dubh-linn Garden** du **Dublin Castle** est tout ce qui reste de l'ancien bassin qui a donné son nom à la ville, mais le **National Museum of Archeology** (voir p. 52) regorge de magnifiques objets de l'époque. Les vestiges normands sont plus abondants, à commencer par **St Audoen's Church** (voir p. 17) et la **Record Tower** du Dublin Castle (voir p. 46). Une partie du mur de la **cité normande** est visible à l'angle de Lamb Alley et Corn Market. Plus convivial, ne manquez pas le **Brazen Head**, le plus vieux pub d'Irlande, fondé en 1198 (voir p. 33).

Sur les traces de l'Indépendance

Lorsque la République d'Irlande est proclamée en 1949 à l'issue d'un lent processus d'indépendance, cela faisait quatre siècles que la rébellion enflammait le pays créant des crises successives dont Dublin garde la mémoire.

Des alliés étrangers

Avec le début de la colonisation forcée par les propriétaires anglo-protestants, la révolte irlandaise se cristallise autour de la religion. Les catholiques font naturellement appel aux Espagnols et aux Français que la lutte contre l'Anglais intéresse toujours. Ces tentatives échouent et isolent Dublin et sa région qui sont alors le fief britannique.

Une domination pesante

Dans un premier temps, l'île est partagée en deux zones. De véritables fortifications sont élevées tout autour de Dublin et tout Irlandais gaélique doit montrer patte blanche pour les franchir. Au XVIIIe s., la répression violente permet à la domination anglaise de s'étendre à l'ensemble de l'île. Cependant, l'insatisfaction gronde en raison des exactions des troupes britanniques et de la dureté des propriétaires terriens.

Des révolutions contagieuses

Avec la fin du XVIIIe s., deux exemples stimulent les rebelles irlandais : la France et l'Amérique. Les catholiques n'ont pas le droit de voter, de s'instruire ou de posséder la terre. À Dublin, l'essor économique amène de nouvelles idées, et un vent de révolte souffle. En 1796, une flotte alliée venue de France essaie en vain d'aider les rebelles. Deux ans plus tard, une tentative de révolution est orchestrée par le Dublinois Wolfe Tone et ses *United Irishmen*. Elle échoue mais, effrayés, les anglo-protestants déplacent le Parlement, alors situé dans ce qui est aujourd'hui la Bank of Ireland (voir p. 22 et 43), de Dublin à Londres.

L'éveil de la conscience nationale

En 1828, un député de l'ouest du pays, Daniel O'Connell,

surnommé « le Libérateur », organise une rébellion pacifique en faveur des droits des catholiques. Alors que les événements semblent tourner en sa faveur, la Grande Famine décime l'île. Deux millions et demi d'Irlandais meurent ou émigrent. La lourde responsabilité de l'administration anglaise dans cette crise tragique accroît encore le sentiment de révolte. Parallèlement aux mouvements catholiques, un protestant, Charles Stewart Parnell, a réussi à négocier une forme d'autonomie, le *Home Rule*, et à canaliser le nationalisme naissant.

Charles Stewart Parnell devant le Parlement anglais

James Larkin

Dublin se soulève

Malgré quelques concessions politiques, la misère des catholiques est effrayante. Dublin est une ville surpeuplée et insalubre. En 1913, James Larkin (voir p. 11) et James Connolly lancent une grève générale et fondent l'*Irish Citizens Army*. Les grévistes cèdent, mais la rébellion suit son chemin. Une révolution est programmée pour Pâques 1916. Le quartier général est la Grande Poste sur O'Connell Street (voir p. 11), et les objectifs portent sur différents points stratégiques comme les Four Courts (voir p. 15) ou St Stephen's Green (voir p. 25 et 51). Un millier de volontaires se présente, et Patrick Pearse proclame la république. Hélas, les troupes britanniques noient l'épisode dans un bain de sang, et la plupart des chefs rebelles sont tués. Eamon De Valera et Michael Collins, sous la bannière du Sinn Fein fondé en 1905, remportent 75 % des sièges

Daniel O'Connell

lors de l'élection de 1918. Les troubles sont aggravés par des actes terroristes. Un traité anglo-irlandais est finalement signé en 1921, concédant une indépendance relative à seulement 26 comtés, le *Free State*, laissant ceux du nord sous administration anglaise. La guerre civile reprend, scellant la partition entre les deux Irlandes. L'*Irish Republican Army* (IRA) refuse de déposer les armes, entre en résistance terroriste et multiplie les attentats contre les intérêts anglais. La République d'Irlande est finalement proclamée en 1949.

La Grande Famine

Épisode le plus noir de l'histoire de l'Irlande, la Grande Famine (1845-1850) fut provoquée par le mildiou, maladie s'attaquant à la pomme de terre, et aggravée par de mauvaises récoltes successives. La faim, le froid et les maladies telles que le choléra ou le typhus emportèrent un million et demi de personnes (voir le **Famine Memorial** p. 39). Pour échapper à la misère, plus d'un million d'Irlandais embarqua vers l'Amérique à bord de ce que l'on surnomma les *coffin boats*, ces « bateaux cercueils » où se propageaient des épidémies.

L'architecture georgienne

Parmi les traces laissées par les Vikings et les Anglo-Normands dans le tissu urbain, l'empreinte georgienne constitue l'architecture la plus unitaire et la plus caractéristique de Dublin. Elle nous raconte l'âge d'or de la ville qui s'étendit tout au long du XVIIIe s. sous les règnes de George II et George III d'Angleterre. Alors aux mains d'une classe dirigeante anglo-protestante, la seconde ville de l'Empire britannique, après Londres, se pare d'élégants monuments, de demeures aux intérieurs somptueux et de ravissants jardins dans lesquels on se plaît encore à flâner.

Des plantations à la domination

À l'origine, la colonisation par les Anglo-Normands chrétiens est encore disparate et plutôt pacifique. Mais, avec le schisme anglican, la domination anglaise qui s'affirme s'accompagne d'un conflit religieux entre ceux qui prêtent allégeance à la Couronne ainsi qu'à la nouvelle religion, et les réfractaires, Gaëls mais aussi Anglo-Normands

de souche qui veulent rester catholiques et soutiennent les prétendants opposés à la reine d'Angleterre, Élisabeth Ire. Les guerres coloniales commencent, et l'on procède à la politique dite des « plantations » : les terres sont enlevées aux catholiques irlandais et attribuées à des colons anglo-protestants en remerciement de leur soutien. La domination anglaise s'affermit, pacifiant l'île sous un joug de fer. Les villes prennent leur essor et se lancent dans les affaires. Sous le règne de George III, au XVIIIe s., Dublin, qui est aux mains des protestants, s'organise et entre dans son âge d'or.

Monuments, parcs et portes

L'élite de la société anglo-protestante possède la terre et occupe tous les postes importants. Il lui faut une urbanisation à l'image de son raffinement et de ses racines anglaises. Le résultat sera la ville georgienne dont il reste quelques gracieux

témoignages de style palladien et néoclassique. L'idée générale s'inspire de l'Antiquité classique, avec une rigueur géométrique et une uniformité presque austère, relevée par des détails décoratifs. On utilise ainsi largement les frontons, les colonnes, les frises et les moulures élaborées.
En Angleterre, le plus célèbre architecte de ce style est Inigo Jones qui s'est fortement inspiré de l'architecte florentin Andrea Palladio. À Dublin, ne manquez pas la Custom House (voir p. 38), Four Courts (voir p. 15) ou la Bank of Ireland (voir p. 22 et 43) réalisés en partie par l'architecte dublinois en vogue

à l'époque, James Gandon. Les squares sont un autre aspect de cette urbanisation. Agrémentés de jardins verdoyants à l'anglaise, ils sont bordés de hautes maisons en brique toutes identiques à quelques détails près. Parmi les plus beaux de la ville, on compte Merrion Square (voir p. 28), Fitzwilliam Square (voir p. 31) ou St Stephen's Green (voir p. 25 et 51). Ils sont le cadre des promenades de la *gentry*. Enfin, les rangées de maisons attenantes toutes semblables, que l'on différencie par leur porte, sont une autre particularité de la ville georgienne. Ces portes, peintes de couleurs flamboyantes, sont d'ailleurs l'une des images phares de Dublin.

La maison georgienne

Elle s'organise en hauteur sur plusieurs niveaux. Le sous-sol est réservé à la cuisine, au cellier et parfois à une pièce pour la gouvernante. On accède au rez-de-chaussée par un perron bordé de grilles de fer forgé. Certaines maisons ont conservé sur le côté de l'entrée les traditionnels grattoirs à chaussures, les rues étant au XVIIIe s. très boueuses. L'étage noble de la maison est le premier : c'est là que se trouve la plus belle pièce de réception, une salle à manger ou un salon imposant, haut de plafond et orné de motifs en stuc. De l'extérieur, on remarque cette hiérarchie à la taille des fenêtres et aux balcons compliqués qui les ornent. Au deuxième étage se trouvent les chambres des maîtres de maison (on fait chambre à part), le cabinet de toilette et le boudoir de Madame. Au-dessus encore, la nurserie jouxte la chambre de la *nanny*, tandis que les combles abritent les domestiques.

Manoir de ville

Parmi les plus belles demeures georgiennes de Dublin, celle de Hugh Lane, aujourd'hui transformée en **musée d'art moderne** (voir p. 13 et 50) permet de mesurer le raffinement des grands hôtels particuliers. Le hall et la cage d'escalier, avec leurs colonnes et moulures, sont d'une rare élégance. Ne manquez pas de visiter le **Number 29** (voir p. 28), une maison bourgeoise où l'on peut admirer un intérieur typiquement georgien.

Dublin littéraire

Qui pourrait se douter qu'une île perdue à l'ouest de l'Europe, longtemps privée de sa langue, ait pu devenir l'une des premières nations littéraires du monde ? Dublin, en tout cas, a gardé la marque de ses auteurs, qu'ils soient sérieux et austères ou fantasques et poètes. Lumières des salons ou piliers de bar, ils sont présents partout. On leur élève des statues, on les suit pas à pas. Entre la ville et eux, c'est une histoire d'amour.

Le combat de la langue

Bien que condamnés à délaisser leur langue, le gaélique, les Irlandais ont relevé le défi et ont compté les plus grands auteurs de langue anglaise, dont quatre prix Nobel : William Butler Yeats (1923), George Bernard Shaw (1925), Samuel Beckett (1969) et Seamus Heaney (1995). Ils ont surtout considérablement rajeuni et vivifié la littérature anglo-saxonne en lui apportant fantaisie, imagination et virtuosité. Ce goût pour les mots ne se limite pas aux érudits, mais est au contraire la marque de toute une nation. À Dublin, il suffit de fréquenter les pubs et d'écouter les gens pour mesurer cette passion.

De Gulliver à Dracula

Le premier auteur irlandais célèbre est Jonathan Swift (1667-1745). Nommé doyen de la cathédrale Saint-Patrick, il écrit des récits satiriques dont les célèbres *Voyages de Gulliver* qui dénoncent le joug anglais. L'appartenance de Dracula à la bonne société dublinoise est moins connue. Son auteur, Bram Stoker, travailla comme fonctionnaire au château de Dublin. L'écriture de *Dracula* lui prit cinq ans et il est évident que les légendes celtes et le goût du surnaturel ont eu une influence sur son récit.

Déjà la provocation

Si *Dracula* détonne dans le XIXe s. littéraire, un autre écrivain dublinois est encore plus sulfureux. En effet, Oscar Wilde était un brillant pilier des salons les plus élitistes et écrivait des pièces remarquables, mais son attitude provocatrice et son homosexualité affichée lui coûtèrent sa liberté. Après la prison, il s'exila à Paris pour y mourir dans la misère. Il reste cependant l'un des enfants chéris de Dublin. Il suffit de voir la statue pleine d'humour qu'on lui a dressée au bord de Merrion Square (voir p. 28) où vivait sa famille, pour deviner cette affection.

La maison d'Oscar Wilde

George Bernard Shaw et William Butler Yeats

Après Wilde, George Bernard Shaw, Dublinois de naissance, fit carrière à Londres. Ses succès, notamment au théâtre, lui ont valu le prix Nobel de littérature, mais il retournait rarement en Irlande, même s'il légua le tiers de ses royalties à la National Gallery (on peut d'ailleurs y voir sa statue). En fait, le plus éminent des auteurs irlandais et le plus impliqué dans la vie culturelle de la cité est William Butler Yeats. Considéré comme le plus grand poète de l'île, il était issu d'une famille d'artistes (voir à la National Gallery, p. 30 et 47). Passionné de théâtre, il cofonda l'Abbey Theatre (voir p. 116).

La révolution Joyce

James Joyce révolutionne le monde des lettres. La virtuosité de son écriture, sa technique et son côté subversif le mettent vite en butte à la censure. Ses romans dressent un portrait acide et sans concession de la société dublinoise. Son chef-d'œuvre, *Ulysse,* se calque sur la structure de *L'Odyssée,* d'Homère, mais situe les périples du héros dans les quartiers de Dublin. L'engouement des Dublinois pour leur auteur fétiche est tel que l'on a créé un jour de fête juste pour suivre les traces de Joyce à travers la ville. Ainsi, le 16 juin, c'est Bloomsday (voir p. 4), du nom de Leopold Bloom, héros d'*Ulysse.* Ce jour-là, une randonnée pédestre emmène les fans de Joyce dans tous les lieux évoqués dans le célèbre roman. Installé à Paris, Joyce se lie d'amitié avec un autre Irlandais surdoué, Samuel

Beckett, originaire de Dublin. Chassé de l'île par la censure, ce jeune dramaturge connaîtra la gloire en France avec des pièces comme *En attendant Godot.* Des sites dublinois restent toutefois identifiables dans son œuvre.

Les rêveries alcooliques

Nombre d'autres auteurs de pièces, d'essais ou de nouvelles ont laissé leur empreinte, ici et là : John Millington Synge, Patrick Kavanagh, Flann O'Brien (de son vrai nom Brian Nolan) ou Brendan Behan. Connus pour leur infatigable penchant pour l'alcool, ils hantent encore les pubs enfumés qu'ils fréquentaient pour trouver l'inspiration.

Un vent de renouveau

La grande tradition littéraire de la capitale est restée très vivante, et les écrivains contemporains témoignent avec tendresse et humour de la vie en Irlande. Le plus célèbre d'entre eux est **Roddy Doyle**, dont les romans ont inspiré la trilogie cinématographique *The Commitments, The Snapper* et *The Van.* Son roman *Paddy Clarke Ha Ha Ha* a remporté le prestigieux Booker Prize. **Joseph O'Connor** et **Colm Tóibín**, également Dublinois, atteignent peu à peu la même notoriété. Ils font partie, comme **John McGahern** ou **Edna O'Brien**, d'une génération d'auteurs de qualité dispersés sur toute l'île.

Oscar Wilde

Restaurants
mode d'emploi

Au menu

Comme beaucoup de capitales européennes, Dublin n'est pas avare de saveurs exotiques et internationales. Tant mieux, car la **cuisine irlandaise** – hormis les ragoûts et les poissons – peut sembler monotone. Toutefois, avec la tendance du « manger local », (*locavore*), l'accent mis sur la traçabilité, la qualité des produits et le dynamisme des petits producteurs irlandais, on annonce son *come back* ! Sinon, on pourra goûter selon l'humeur au zen japonais, à la convivialité mongole, à la *street food* thaï, et facilement manger bio ou végétarien. Le petit déjeuner irlandais **– *irish breakfast* –** est un repas à part entière et permet ensuite de **déjeuner léger** dans un pub. C'est le moyen le plus sympathique de rencontrer du monde, car les Dublinois déjeunent rarement au restaurant, le repas principal étant celui du soir. Vous pouvez aussi **opter pour les *delis*, épiceries fines et rayons traiteur des petits supermarchés** qui proposent de plus en plus souvent des sandwichs à composer soi-même et des *salad bar*.

Les incontournables

Expérience irlandaise par excellence, le pub sert la ***pub food*** ou ***carvery lunch***, des plats traditionnels (12-18 €) de porc au chou, de ragoût de bœuf ou d'agneau ou de viandes rôties. Autre institution, les restaurants de ***fish and chips*** : ils offrent des repas copieux, rapides et bon marché.

Les tarifs

Dès 18h le week-end, les restaurants proposent un premier service (*early bird menu*) avant le service principal de 20h. C'est idéal si vous allez au théâtre, c'est copieux et bon marché (env. 20 € les 3 plats). À partir de 20h, vous commanderez surtout à la carte (comptez 8-12 € pour une entrée, plus de 18 € pour le plat principal et 6-8 € pour un dessert)… si vous avez pris le soin de réserver votre table ! Car les Dublinois dînent tôt et sortent beaucoup, pensez-y ! Sachez que les vins y sont chers et que vous ne pourrez pas y boire de bière pression, car leur licence ne l'autorise pas. L'addition précise si le service est compris. S'il ne l'est pas, ajoutez 10 à 15 % de la note.

SE REPÉRER

Nous avons indiqué pour chaque adresse de Restaurant sa localisation sur le plan général (B2, G8…). Pour un repérage plus facile, nous avons signalé sur le plan par un symbole jaune toutes les adresses de ce chapitre. Le numéro en jaune signale la page où elles sont décrites.

Notre Top des restaurants irlandais

Certes, la gastronomie irlandaise a la réputation d'être quelque peu rustique. Vous verrez que ces adresses font preuve d'imagination et vous réservent de belles surprises.

- **The Brazen Head**
  Des Liberties à Kilmainham Gaol – *Voir p. 33.*
- **The Winding Stair**
  Le long de la Liffey – *Voir p. 67.*
- **The Shack Restaurant**
  Temple Bar – *Voir p. 68.*
- **Gallagher's Boxty House**
  Temple Bar – *Voir p. 69.*
- **O'Neill's**
  Trinity College – *Voir p. 69.*

Notre Top des adresses pour déjeuner sur le pouce

- **Beshoff**
  O'Connell Street – *Voir p. 11.*
- **KC Peaches**
  Trinity College – *Voir p. 23.*
- **Epicurean Food Hall**
  Le long de la Liffey – *Voir p. 67.*
- **Cornucopia**
  St Stephen's Green – *Voir p. 71.*
- **Blazing Salads**
  St Stephen's Green – *Voir p. 72.*

Notre Top des pauses sucrées

- **Queen of Tarts**
  Dublin Castle – *Voir p. 17.*
- **The Cake Café**
  Des Liberties à Kilmainham Gaol
  Voir p. 34.
- **The Pepper Pot**
  St Stephen's Green – *Voir p. 70.*
- **Butlers Chocolate Café**
  St Stephen's Green – *Voir p. 72.*
- **Library Bar, Central Hotel**
  St Stephen's Green – *Voir p. 72.*

Nos restaurants par quartiers

1 - The Church
2 - The Winding Stair
3 - Yamamori

O'Connell Street
Visite 1 – p. 10

101 Talbot

100-102 Talbot Street (D3)
☎ 874 5011
www.101talbot.ie
Mar.-sam. 12h-15h et 17h-23h, préthéâtre 17h-19h15.

Situé à l'étage, ce restaurant décoré de grandes peintures colorées est l'une de ces adresses sympathiques pour son ambiance décontractée, son service jeune et enthousiaste et sa cuisine internationale plutôt réussie. Le menu *early bird* (préthéâtre) coûte 21,50 €. Pour une entrée et un plat, comptez 19,95 €. On peut également y boire de la Guinness pression.

Chapter One

18-19 Parnell Square North (C2/D2)
☎ 873 2266
www.chapteronerestaurant.com
Mar.-ven. 12h30-14h et 19h30-22h30, sam. 19h30-22h30, préthéâtre 17h30-19h30.

Une cuisine raffinée, toute en nuances pour cette salle en sous-sol : beaux murs de pierre, grands tableaux et profonds canapés pour l'apéro. Laissez-vous séduire par de légers bavarois de légumes méditerranéens ou part des poissons grillés superbes. Comptez un minimum de 50 € pour une entrée et un plat, et 70 € pour un repas composé de quatre plats (menu préthéâtre à 37,50 €).

Sheries cafe bar

3 Lower Abbey Street (D3)
☎ 874 7237
www.sheries.ie
Lun.-jeu. 8h-19h30, ven.-sam. 8h-21h
Plat : 9,95-15,50 €.

On peine à lire les lettres rouges de l'enseigne, mais ne vous y fiez pas : cette institution fondée en 1947 a fait peau neuve dans ce style moderniste qui petit à petit gagne le nord de la Liffey. De grands aplats blancs sur les murs, un rose de Sienne au plafond, relevé de pourpre, et les lignes épurées du mobilier créent une atmosphère sereine pour déguster des plats thaïs, des hamburgers ou des *wraps* maison.

Voir aussi ***Beshoff*** *(p. 11) et* ***Cobalt Café & Gallery*** *(p. 13).*

Le long de la Liffey
Visite 2 – p. 14

The Church

Angle Mary Street/Jervis Street (C3)
☎ 828 0102
www.thechurch.ie

T. l. j. 17h-22h
À la carte : 7-30 €.

Cette église du début du XVIIIe s. abrite désormais dans sa galerie un restaurant. Sous le grand orgue (Händel y répétait son *Messie*), vous pourrez y savourer une cuisine internationale de bonne tenue qu'Arthur Guinness, le fondateur de la célèbre brasserie, marié ici en 1761, aurait sûrement appréciée. Agneau, bœuf irlandais de premier choix, poisson, risotto et pâtes, le tout servi avec diligence et dextérité.

Yamamori

38-39 Lower Ormond Quay (H6)
☎ 872 0003
www.yamamorisushi.ie
Dim.-mer. 12h-22h30,
jeu.-sam. 12h-23h30.

Au bord de la Liffey, dans un cadre contemporain qui échappe à la « japoniaiserie », c'est sans aucun doute la meilleure adresse pour déguster des sushis (à partir de 3,50 € les 2 pièces), des norimakis (env. 16 € les 8 pièces) et des futomakis à Dublin. La présentation est raffinée, le poisson toujours fondant, le riz est parfumé à souhait et les prix sont très raisonnables. La carte comporte aussi une belle sélection de *tempura* et de *ramen* (17,95 €) à déguster de préférence dans la salle plutôt qu'au sushi bar, très bruyant.

The Winding Stair

40 Lower Ormond Quay (H6)
☎ 872 7320
www.winding-stair.com
Déjeuner : lun.-jeu. 12h-17h (16h ven.) ; dîner : t. l. j. 17h30-22h30.

Les raisons ne manquent pas pour découvrir ce restaurant gastronomique aux airs de bistrot parisien. La cuisine d'abord (comptez 40 €/p.), simple, rustique, délicieuse, avec des classiques comme la souris d'agneau (24 €), mais aussi une belle sélection de poissons et de plats végétariens. Ensuite, la vue imprenable sur la Liffey et le si romantique Ha'Penny Bridge. L'ambiance, pour finir, très chaleureuse, grâce à une équipe pleine de bonne humeur.

Enoteca delle Langhe

Blooms Lane (H6)
☎ 888 0834
www.wallacewinebars.ie
Lun.-sam. 12h30-minuit
Menu lunch : 9-15 €,
à la carte : 2,50-12 €.

En retrait de la Liffey, dans cette Little Italy inventée de toute pièce, une bonne adresse pour déguster de la charcuterie, des fromages italiens et des vins de la région de Langhe, dans le nord-ouest de l'Italie. Ici, ni merlot, ni cabernet, ni chardonnay, mais des vins typiques, comme le Barolo et le Barbera (à partir de 5,50 € le verre), issus des cépages de cette région. Chaque jour, vous pouvez goûter à l'un des 110 vins de la cave (5,50-8,50 € le verre), le tout accompagné de jambon, salami et poivrons grillés.

Epicurean Food Hall

1 Liffey Street Lower (H6)
☎ 283 6077
www.epicureanfoodhall.com
Lun.-mer. 9h-19h,
jeu.-sam. 9h-20h, dim. 11h-19h.

Cette petite galerie couverte abrite de nombreuses échoppes de restauration rapide. Il y en a pour tous les goûts : cuisine italienne, indienne, japonaise, méditerranéenne ou mexicaine. On y trouve également le traditionnel *fish and chips*. Sous la grande verrière, les tables communes accueillent sans chichis les gourmands et leur plateau.

Voir aussi *Foam Café (p. 15).*

Dublin Castle
Visite 3 – p. 16

Leo Burdock's

2 Werburgh Street (G7)
☎ 454 0306
www.leoburdock.com
T. l. j. 12h-minuit
***Fish and chips* : 6-7,50 €.**

Pour les fans de *fish and chips*, voici une adresse culte, connue pour être la meilleure de toute la capitale. Si vous en voulez la preuve, il suffit de voir la queue qui s'étire toujours loin sur le trottoir, même quand il pleut ! On y vient pour les nombreuses variétés de

poissons frits. N'oubliez pas de les demander bien croustillants (on dit *crispy*). Vous pourrez ensuite les manger comme tout le monde, c'est-à-dire dans le jardin de la cathédrale juste en face.

La Dolce Vita

5 Cow's Lane (G7)
☎ 707 9786
Lun.-jeu., dim. 11h-23h, ven.-sam. 11h-minuit
Plat : env. 13 €.

Vous êtes fan de saveurs italiennes et de bon jazz ? Dans ce cas, essayez la *Dolce Vita*. Ce lieu est tout simplement une ode à la cuisine transalpine. Il y a là des gnocchis inénarrables, des *penne all'arrabbiata* à pleurer, des risottos onctueux ! Côté vin, vous aurez le choix entre une vingtaine d'étiquettes italiennes (6-8 € le verre). Ajoutez à cela des concerts de jazz et de musique brésilienne le vendredi et le samedi soir, et vous obtenez l'un des restaurants les plus conviviaux de Dublin.

Voir aussi ***Queen of Tarts*** *(p. 17).*

Temple Bar
Visite 4 – p. 18

The Shack Restaurant

24 East Essex Street (H6-7)
☎ 679 0043
www.shackrestaurant.ie
T. l. j. 12h-22h (23h ven.-sam.)
Déjeuner : 4-12 €
Dîner : 5-25 €.

Dans l'ambiance énergique et tapageuse de Temple Bar, ce restaurant est un refuge idéal. Avec ses boiseries sombres, piquées d'aquarelles, d'huiles et de photographies, de livres et d'antique vaisselle irlandaise, The Shack Restaurant est une cabane (*shack*) plutôt élégante, offrant la chaleur et la cuisine traditionnelle d'un pub dans une ambiance plus… sereine. On y vient en famille déguster les grands classiques de la cuisine irlandaise dont l'excellent *lamb shank* (souris d'agneau, 18,45 €) ou l'*irish stew* (16,30 €). Laissez-vous tenter par leur ragoût de bœuf origine Irlande (16,30 €), il ne vous laissera pas indifférent. Le restaurant propose également une bonne sélection de vins à prix modérés (env. 22-70 € la bouteille).

The Mongolian Barbecue

7 Anglesea Street (H7)
☎ 670 4154
www.mongolianbbq.ie
T. l. j. 11h30-22h.

Vivez une expérience unique à Dublin, dans un restaurant au sein duquel vous pourrez jouer au chef cuistot en composant votre propre plat à base de légumes frais, de viande, de poisson cru ou de tofu, en fonction de vos envies. Agrémenté de sauce et de diverses épices, l'ensemble est cuit sur une grande plaque chauffante. Pour finir, votre petite trouvaille culinaire s'accompagne d'un bol de riz. Pas la peine de se priver, le buffet est à volonté entre 13 et 16 €.

Irish Film Institute

6 Eustace Street (H7)
☎ 679 5744
www.ifi.ie
T. l. j. 12h30-21h30 (12h dim.).

Le Irish Film Institute abrite un cinéma, mais il comporte également une sympathique cafétéria, à mi-chemin entre le pub et le restaurant. L'adresse est l'un de nos rendez-vous préférés pour son patio abrité d'une verrière, pour son atmosphère tranquille, ainsi que pour ses tables de bistrot où se poser pour déguster des plats appétissants et bon marché, comme le *warm chicken* très bien assaisonné, les lasagnes au bœuf ou les poivrons farcis. Tous les plats coûtent moins de 12 € et on peut les arroser de Guinness pression.

Bad Ass Café

9-11 Crown Alley (H7)
☎ 671 3005
www.badassdublin.com
Lun.-jeu., dim. 12h-minuit, ven.-sam. 12h-1h30
Plat : 8,50-17,95 €.

En plein cœur de Temple Bar, ce restaurant est une véritable institution pour les étudiants, les petits budgets et les familles. La cuisine est principalement constituée de burgers, de pizzas, de salades et de pâtes, ainsi que toutes sortes de menus à thème : mexicain, italien, cow-boy… On y rencontre toujours beaucoup d'artistes et de musiciens qui jouent pendant que vous profitez des plats concoctés par Kumara Perera, un chef à la fois talentueux et expérimenté.

Brick Alley Cafe

25 Essex Street (H7)
☎ 679 3393
Facebook : Brick Alley Cafe
Lun.-ven. 9h-22h, sam. 9h-23h, dim. 9h-22h.

Dans ce petit café très *friendly*, on partage de grandes tables en bois pour savourer un chocolat chaud crémeux ou un café fraîchement torréfié accompagné d'une part de gâteau, de scones ou

1 - *Olesya's Wine Bar*
2 - *The Mongolian Barbecue*
3 - *The Shack Restaurant*

de muffins. Pour les petits creux, vous aurez le choix entre sandwichs, plats de lasagnes, *irish stew* (ragoût irlandais), soupes maison, jus de fruits naturels, glaces maison et petit déjeuner traditionnel à 7,90 €. Accueillant, conviviale et abordable, le lieu a véritablement tout pour plaire !

Gallagher's Boxty House

20-21 Temple Bar (H6)
☎ 677 2762
www.boxtyhouse.ie
Lun.-ven. 12h-22h30, sam.-dim. 11h-22h30.

Bien que très touristique, ce restaurant de Temple Bar est la meilleure option pour les gros appétits désireux de se frotter à la gastronomie irlandaise : *irish stew* (ragoût irlandais, 15,90 €), *seafood chowder* (soupe de poissons avec morceaux, 7,90 €), tous les grands classiques sont là pour votre plus grand plaisir. Tentez la *boxty pancake* (15,90-19,90 €), une délicieuse galette de pomme de terre nappée de sauce. Le tout dans l'atmosphère d'un pub traditionnel.

Voir aussi **The Porter House** *(p. 21).*

3

Trinity College
Visite 5 – p. 22

O'Neill's

2 Suffolk Street (I7)
☎ 679 3656
www.oneillsbar.com
Lun.-jeu. 8h-23h30, ven.-sam. 8h-0h30, dim. 8h-23h.

Ce pub très populaire est le point de rencontre du monde de la finance et des étudiants à l'heure du déjeuner ainsi qu'en fin de journée. Vous pourrez goûter la fameuse *pub food*. L'intérieur compte trois bars séparés. Bruyant et souvent bondé, ce lieu reflète le dynamisme électrique de la ville. Musique *live* et *Riverdance Show* tous les soirs à partir de 21h (22h30 ven.-sam.).

Voir aussi **KC Peaches** *(p. 23).*

St Stephen's Green
Visite 6 – p. 24

L'Gueuleton

1 Fade Street (H7)
☎ 675 3708
www.lgueuleton.com
Lun.-jeu. 12h30-16h et 18h-22h, ven.-sam. 12h30-16h et 18h-22h30, dim. 12h-16h et 18h-21h.

Des murs de briques rouges habillés de peintures contemporaines abritent l'un des restaurants les plus en vue de la jeunesse dublinoise. Dans une ambiance bistrot moderne, on y mange une cuisine aux accents français (plats autour de 18 €). Une adresse pour les nostalgiques de cassoulet ou de choucroute !

Olesya's Wine Bar

18 Exchequer Street (H7)
☎ 672 4087
www.olesyaswinebar.com
Lun.-mer. 12h30-minuit, jeu. 12h30-1h, ven.-sam. 12h30-2h, dim. 12h30-minuit.

Olesya est russe, le sommelier, français et les chefs sont trois, un Russe, un Irlandais, un Espagnol, et ils ne sont jamais

1 - Fade Street Social
2 - Sixty6
3 - Fade Street Social
4 - Lemon crepes and coffee co

à court d'idées. Au final, une **cuisine très éclectique et délicieuse** vous est proposée : fromages irlandais et français (18,50 €), saumon fumé irlandais (12,95 €), pâté de foie fait maison (11,50 €), ou 50 g de caviar noir servi avec une bouteille de Don Perignon (399 €). Du côté de la carte des vins, le sommelier connaît tous les producteurs qui y figurent, et propose d'excellents vins du monde (env. 7 € le verre).

Fade Street Social

4/6 Fade Street (H7)
☎ 604 0066
www.fadestreetsocial.com
• Restaurant : lun.-jeu. 12h30-14h30, ven. 12h30-15h et t. l. j. 17h-22h30
• Gastro-bar : lun.-jeu. 17h-22h30, ven. 17h-23h, sam. 13h-23h, dim. 13h-22h30.

C'est l'un des restos-concept de Dylan McGrath – la coqueluche des Dublinois. Sous le même toit, un **gastro-bar à tapas** (6-20 €) façon McGrath, **un restaurant à viandes et un bar à cocktails** (voir p. 115). Le menu du gastro-bar (mini hot dog de homard, carpaccio de bœuf au céleri…) promet beaucoup et délivre peu de saveurs. Préférez le restaurant et ses viandes braisées ou grillées au feu de bois (17-32 €), c'est plus simple et bien plus savoureux. **Réservation indispensable.**

The Pepper Pot

59 South William Street (H7)
☎ 707 1610
www.thepepperpot.ie
Lun.-ven. 10h-18h, sam. 9h-18h, dim. 12h-18h.

Profitez de votre séance shopping au Powerscourt Town Centre pour faire une pause au Pepper Pot, de loin le meilleur choix de cette galerie commerçante pour **déjeuner léger.** Rendez-vous donc à la galerie du second étage, autour de l'une de ses toiles cirées colorées. Au menu : des tartes salées (9,50 €), des salades copieuses (8-10 €), des sandwichs (6-6,50 €), des soupes du jour et surtout, **d'excellentes pâtisseries maison** (*victoria sponge* 4 €).

Jo' Burger

4/5 Castle Market (H7)
☎ 491 3731
www.joburger.ie
Lun.-mer. 12h-22h, jeu.-sam. 12h-23h, dim. 12h-21h.

Sur les rives de la Liffey, même le **hamburger** a droit à son concept. Celui du burger façon Jo (8,95-12,75 €) tient en trois points : vous choisissez le contenu – steak haché de bœuf charolais, d'agneau irlandais –, puis, un contenant – *buns* traditionnels ou tortillas maison –, enfin, vous osez l'un des accompagnements – curry thaï, fourme d'Ambert, sauce à la cacahuète. Ne reste plus qu'à déguster, à de grandes tablées, dans une ambiance plutôt survoltée !

Yamamori

71-72 South Great George's Street (H7)
☎ 475 5001
www.yamamorinoodles.ie
Dim.-jeu. 12h15-22h30, ven.-sam. 12h-23h30
Plat : 15-20 €.

Cette autre adresse de la chaîne Yamamori (voir p. 67) vous accueille dans sa grande salle dépouillée, à la déco moderne. C'est le premier restaurant japonais qui ait ouvert à Dublin et le spécialiste des *ramen*. Vous avez le choix : avec poulet, algues et légumes en tout genre (env. 17 €).

Sixty6

66-67 South Great George's Street (H7)
☎ 400 5878
www.brasseriesixty6.com
Lun.-jeu. 12h-22h, ven. 12h-22h30, sam. 10h-22h30, dim. 10h-21h-30.

Le Sixty6 fait partie de ces lieux branchés du SoDa (South of Dame Street Area), à la fois chic, animé et bruyant, où il fait bon être vu en soirée. Côté design, une vraie réussite avec quelques originalités comme ce mur entièrement recouvert d'assiettes dépareillées où figurent aussi bien Napoléon qu'Élisabeth II ou ce lustre à… bouteilles. Côté papilles, une cuisine de bonne tenue proposant des plats européens avec une touche irlandaise et surtout une belle carte de poisson (21-26 €).

Cornucopia

19/20 Wicklow Street (H7/I7)
☎ 677 7583
www.cornucopia.ie
Lun.-mar. 8h30-21h, mer.-sam. 8h30-22h15, dim. 12h-21h
Plat : env. 12 €.

Adeptes des fibres et du bon cholestérol ? Le menu du plus vieux restaurant végétarien de Dublin pourrait bien devenir votre bréviaire. Une cafètéria qui chaque jour (le midi et le soir) propose 4 ou 5 plats originaux et copieux, des salades (9,95 € la très grande assiette), des soupes du jour et de délicieuses pâtisseries tout à la fois végétalienne, sans gluten, sans blé et sans levure. Un véritable exploit !

Lemon Crepes and Coffee Co.

60 Dawson Street (I7)
☎ 672 8898
www.lemonco.com
Lun.-ven. 7h30-19h30 (21h jeu.), sam. 8h30-19h30, dim. 9h40-18h30.

Une fois n'est pas coutume, ici vous êtes un numéro : celui de votre commande, que des serveurs diligents font résonner au-dessus des têtes lorsqu'elle est prête. Attention à bien le mémoriser ! Dans ce café haut en couleur, en passe de devenir une chaîne dublinoise puisque le magasin a déjà ouvert une autre enseigne *trendy* sur South William Street, on déguste, sur de grandes tables à partager, des crêpes au sarrasin qui n'ont rien à envier aux galettes bretonnes. De la très classique œuf-jambon-fromage (6,95 €) au sommet exotique de la *Philly Beef Crepe* (9,30 €), alliance subtile de vieux cheddar, de faux-filet irlandais et d'oignons caramélisés.

Rustic Stone

17 South Great George's Street (H7)
☎ 707 9596
www.rusticstone.ie
Lun.-jeu. 12h-14h30 et 17h30-22h30, ven. 12h-14h30 et 17h-22h30, sam. 13h-22h30, dim. 13h-21h
Pâtes : 15-17 €, viande et poisson : 27-31 €.

L'enseigne haut de gamme de Dylan McGrath joue la carte de la sobriété, y compris dans sa déco. L'idée ? Offrir une cuisine simple et savoureuse à base des meilleurs produits du marché, et contribuer à votre bonne santé ! Car ici chaque plat est noté d'un « faible en graisse saturée », « riche en oméga-3 », ou d'un « Super Food », le Saint-Graal local… Et vous pourrez aussi cuire à votre goût viande ou poisson servis sur une pierre chauffante.

Butlers Chocolate Café

24 Wicklow Street (H7)
☎ 671 0591
www.butlerschocolates.com
Lun.-mer., ven. 7h45-19h, jeu. 7h45-21h, sam. 8h30-19h, dim. 10h30-19h.

Le café est délicieux quelque soit celui que vous choisirez. En outre, vous avez la possibilité de le déguster en goûtant à tous les chocolats de la boutique, vendus à l'unité. Vous pouvez également vous faire préparer une boîte avec ceux de votre choix (45 € le kilo). Difficile de résister ! Le Butlers Chocolate Café est une adresse à la mode et une étape gourmande qui change du *tea & scones*.

La Maison

15 Castle Market Street (H7)
☎ 672 7258
www.lamaisonrestaurant.ie
Lun.-jeu., dim. 12h-22h, ven.-sam. 12h-23h.

Cette adresse est elle aussi parfaite si jamais vous êtes lassé par les cakes et des *scones*. Ce restaurant propose une cuisine simple et délicieuse. Vous pourrez aussi bien vous attabler autour d'un plat salé (côtes de bœuf 2 pièces, 59 €) ou succomber aux délices d'une pause sucrée accompagnée d'une boisson chaude que vous pourrez prendre sur la petite terrasse ou dans le minuscule salon de thé raffiné à l'étage. Quelles que soient vos envies, Olivier Quenet, le chef aux commandes, saura vous concocter un menu qui ravira tout simplement votre palais.

Blazing Salads

42 Drury Street (H7)
☎ 671 9552
www.blazingsalads.com
Lun.-sam. 9h-18h
Plat : 5-10 €.

Le Blazing Salads vous présente une savoureuse cuisine végétarienne qui n'utilise que des produits bio, et qui propose des plats ainsi que des gâteaux pour les régimes spéciaux (une judicieuse initiative pour les personnes qui sont sujettes aux allergies alimentaires). Tous les aliments sont extrêmement frais et délicieusement assaisonnés. Vous avez un large choix entre des salades copieuses, des quiches, des lasagnes et beaucoup d'autres plats végétariens aux accents plus ou moins exotiques.

Library Bar, Central Hotel

1 Exchequer Street (H7)
☎ 679 7302
www.centralhoteldublin.com
Lun.-sam. 10h-23h15, dim. 12h-23h.

Le Library Bar du Central Hotel est l'une des perles bien cachées de Dublin. Et pour cause ! Au cœur de l'agitation d'Exchequer Street, le lieu est un véritable havre de paix pour une pause thé et gâteau dans un cadre tout à la fois élégant et décontracté. Sous les lustres étincelants, confortablement relâché dans la mollesse d'un sofa tiré au coin du feu et entouré par un mobilier raffiné, il ne reste plus qu'à choisir un livre dans la bibliothèque... et se mettre à imaginer qu'il s'agit de votre propre salon.

The Globe

11 South Great George's Street (H7)
☎ 671 1220
www.globe.ie
Lun.-ven. 17h-2h30, sam. 16h-2h30, dim. 16h-1h.

Voici l'un des spots préférés des jeunes Dublinois branchés et des étrangers de passage. Dans un décor de briques et de parquet, les lieux s'animent en fin de journée et tout au long de la nuit dans une ambiance à la fois chaleureuse et décontractée. L'endroit est très agréable pour profiter d'une pause musicale en soirée. Attention, l'établissement est régulièrement bondé et aussi souvent bruyant.

Simons Place

George's Street Arcade, South Great George's Street (H7)
☎ 679 7821
Facebook : Simons Place
Lun.-sam. 8h30-17h.

Encore l'un de ces *coffee shops* chaleureux dont Dublin a le secret. Blotti à l'entrée d'un magnifique marché couvert, Simons Place est un lieu animé en permanence. Il est également très convivial avec ses tables communes et ses murs placardés d'affiches. La cuisine est simple, bonne et abordable avec des soupes, des

1 - Library Bar, Central Hotel
2 - Gallagher's Boxty House (p. 69)
3 - Bewley's
4 - Fade Street Social (p. 70)

sandwichs à partir de 4,40 € et des salades entre 4 et 7 €.

Busyfeet & Coco Café

41-42 South William Street (H8)
☎ 671 9514
T. l. j. 9h30-20h.

L'ambiance est très sympathique et plutôt étudiante dans ce petit café dont on apprécie beaucoup la terrasse le temps d'une éclaircie. Busyfeet & Coco Café soutient le commerce équitable et propose des produits en provenance de pays du tiers-monde. Les cafés et les thés, 100 % naturels, sont accompagnés de muffins, de scones et de brownies. Pour les petits creux : soupes, salades et sandwichs.

Bewley's

78-79 Grafton Street (I8)
☎ 672 7720
www.bewleyscafetheatre.com
Lun.-sam. 12h45-23h.

Le plus vieux et le plus célèbre salon de thé d'Irlande a rouvert ses portes après une rénovation et une minutieuse restauration. Le décor oriental de 1927 avec ses vitraux et ses tapisseries en soie peinte accueille désormais des aménagements plus modernes. Toujours bondé, il abrite un théâtre qui donne des représentations pendant le déjeuner, un restaurant et deux salons de thé dont le James Joyce Room et sa vue imprenable sur Grafton Street.

*Voir aussi **Café en Seine** (p. 25) et **Stag's Head** (p. 27).*

De Merrion Square à Grand Canal
Visite 7 – p. 28

Patrick Guilbaud

21 Upper Merrion Street (D4)
☎ 676 4192
www.restaurantpatrickguilbaud.ie
Mar.-sam. 12h30-14h (13h-14h sam.) et 19h30-22h15
Entre 45 et 130 €.

Considéré comme le meilleur chef de Dublin, Patrick Guilbaud officie au rez-de-chaussée du très chic hôtel Merrion. La salle à manger est particulièrement élégante, ornée de belles toiles de l'école de Pont-Aven. La cuisine française est irréprochable même si elle peut parfois manquer d'audace. Le foie gras, le homard, l'agneau du terroir ne déçoivent pas, mais l'addition dépasse allègrement les 100 €.

L'Écrivain

109A Lower Baggot Street (D4)
☎ 661 1919
www.lecrivain.com
Lun.-mer. 18h30-22h,
jeu.-ven. 12h30-14h et 19h-22h
Plat : 33-44 €.

L'une des tables les plus raffinées de la capitale, qui affecte

1 - The Peploe's
2 - Bibi's
3 - Camden Kitchen
4 - Neon

un style français chic fort bien vu à Dublin. Le thème de la déco est la littérature, avec une statue de Brehan et des portraits d'écrivains irlandais célèbres. Côté gastronomie, une **cuisine équilibrée utilisant des produits du marché** variant avec les saisons. Agneaux, poissons, gibiers et desserts originaux, servis avec un grand professionnalisme.

The Peploe's

16 St Stephen's Green (I8)
☎ 676 3144
www.peploes.com
T. l. j. 12h-minuit.

Qualifié de **bistrot à vins,** ce restaurant *smart* mais décontracté possède un certain cachet avec ses tonneaux à vin et sa longue fresque colorée. On y déguste des **petits plats** à partir de 16h ou on se régale, à la carte, de viande ou de poisson autour de 25 €. **Belle carte des vins** avec 150 références.

Voir aussi Ely Wine Bar (p. 31).

Des Liberties à Kilmainham Gaol
Visite 8 – p. 32

Green Nineteen

19 Camden Street (C4)
☎ 478 9626

www.green19.ie
Lun.-sam. 10h-23h, dim. 12h-22h.

Green Nineteen est l'une de ces belles réussites dont on craint toujours qu'elles ne perdent leur âme face au succès. Au sud de St Stephen's Green, dans ce quartier populaire encore peu touché par les grandes enseignes, Green Nineteen offre un **cadre ultra-moderne** et lumineux, une **cuisine simple,** des **produits bio** et des assiettes bien servies à des **prix très raisonnables.** Aux beaux jours, pour déguster l'impérissable *irish burger* (10 €), de grandes salades (9 €) ou de délicieuses frites maison (3,50 €), préférez la minuscule terrasse tout en bois située au 1er étage.

Camden Kitchen

3 Grantham Street (C4)
☎ 476 0125
www.camdenkitchen.ie
Mar.-ven. 12h-14h30 et 17h30-22h, sam. 17h30-22h.

Ce resto intime en retrait de Camden Street Lower est une **perle gastronomique.** Son chef, Padraic Hayden, s'attache à quelques principes simples : une **cuisine de saveurs,** des produits saisonniers, un **menu chaque jour différent,** une présentation parfaite et un service stylé et amical. Le menu du midi (3 plats 19,50 €) permet d'avoir un bon aperçu de sa cuisine (colin sauvage aux orties, cuisse de canard au chorizo), mais il donne toute sa mesure le soir (plat autour de 25 €).

Neon

17 Camden Street (C4)
☎ 405 2222
www.neon17.ie
T. l. j. 12h-23h.

Neon vous embarque pour **la Thaïlande et la cuisine délicieusement parfumée et épicée** des rues de Bangkok : pad thaï de poulet (9,95 €), curry aux crevettes (11,50 €), rouleaux

de printemps... La clientèle est jeune et l'ambiance aussi animée qu'un marché flottant ! Commandez au comptoir, puis trouvez une place à la grande tablée centrale pour déguster votre copieuse box. Et n'hésitez pas à utiliser la machine à glace italienne, la glace est offerte ! De midi à 16h, tous les plats sont à 9,95 €.

Bibi's

14B Emorville Avenue (C4)
☎ 454 7421
www.bibis.ie
Lun.-mer. 9h-16h, jeu.-ven. 9h-16h30, sam.-dim. 10h-16h30.

Bibi's est un peu excentré et dans un quartier pas très fantaisiste, mais vous ne regretterez pas de vous y être arrêté : Maisha Lenehan y concocte des brunchs délicieux (9,95 €) et des plats du jour pleins de soleil (4,50-14 €) à savourer dans un intérieur cosy ou en terrasse, avec le pépiement des oiseaux... Relaxation garantie.

Listons

25/26 Lower Camden Street (C4)
☎ 405 4779
www.listonsfoodstore.ie
Lun.-ven. 9h-18h30, sam. 10h-18h.

La mode des *delis* new-yorkais s'est emparée de Dublin ! Parmi ces épiceries fines avec rayon traiteur, Listons est notre préféré. D'abord parce qu'on peut y assembler des sandwichs gargantuesques (à partir de 4,50 €). C'est aussi l'endroit parfait pour préparer un pique-nique dans St Stephen's Green : pains artisanaux, fromages irlandais, charcuteries, poissons fumés, fruits...

Voir aussi ***The Cake Café*** *(p. 34).*

De Oxmantown à Phoenix Park
Visite 9 – p. 36

Lilliput Stores

5 Rosemount Terrace, Arbour Hill (B3)
☎ 515 4815
www.lilliputstores.com
Lun.-ven. 8h-19h30, sam. 8h-18h30, dim. 9h30-16h.

Si vous cherchez une pause déjeuner rapide et goûteuse, rendez-vous dans cette épicerie fine de quartier. Vous pourrez y concocter d'excellents sandwichs sur pain artisanal (env. 5 €) garnis de fromages irlandais, de viandes séchées et de saveurs méditerranéennes ! Et les pâtisseries maison ne sont pas mal non plus...

Dublin Docklands
Visite 10 – p. 38

Bakers and Coffee Company

Hanover Quay (E3)
Grand Canal Dock
☎ 670 6569
www.bakerscoffeeco.com
Lun.-mar. 7h-17h, mer.-ven. 7h-20h30, sam. 9h-20h30, dim. 9h-19h.

Le très new-yorkais Bakers donne dans le style « industriel chic » : un clin d'œil évident aux anciennes minoteries de Grand Canal Dock. La clientèle de bureaux, elle, donne plus dans le style tailleur et costard-cravate que dans le bleu de travail. Au menu, des *bagels* (aux œufs brouillés, 5,95 € ; au saumon, 6,95 €), des soupes maison, des salades à composer soi-même (7,95 €).

Fresh – The Good Food Market

Grand Canal Square (E3)
☎ 671 8004
www.freshthegoodfoodmarket.ie
Lun.-ven. 7h-22h, sam. 8h-22h, dim. 9h-22h.

Ce petit supermarché urbain est en effet une excellente option pour le déjeuner ! Son rayon traiteur est très bien approvisionné et déborde de plats du jour, de sandwichs à composer soi-même (*ciabatta*, bagel, baguette, env. 4 €) et de salades vendues au poids (1,50 € les 100 g). Les romantiques berges du Grand Canal Dock n'attendent plus que vous.

Voir aussi ***Il Valentino*** *(p. 39).*

Cuisine irlandaise

Dublin est devenu depuis quelques années un carrefour cosmopolite, et les restaurants ethniques ou internationaux y fleurissent. Mais, si vous préférez les mets traditionnels, mangez dans les pubs qui servent encore les robustes plats du terroir dans une ambiance chaleureuse et conviviale. N'attendez pas des saveurs inventives, mais des plats simples et nourrissants hérités d'une époque plus difficile.

Au commencement était la pomme de terre…

Longtemps pays très pauvre, l'Irlande n'offrait qu'une alimentation rudimentaire avec peu de viande et, surtout, beaucoup de pommes de terre.

Les ragoûts en sont d'ailleurs en grande partie composés, car autrefois la viande n'était consommée qu'avec parcimonie par la majorité de la population. D'autres plats se limitent même à la seule pomme de terre, comme le *boxty,* une spécialité du Donegal, sorte d'épaisse galette de pomme de terre râpée que l'on frit ou que l'on peut également manger farcie. Repas des plus pauvres pendant la Grande Famine, cette simple galette a pris aujourd'hui des accents chic.

… ensuite vint le chou

Le deuxième ingrédient le plus populaire était le chou. Avant que le chou cultivé ne soit importé au XVIIe s., c'était le chou sauvage et le chou marin qui composaient les plats et les ragoûts. La plus célèbre des recettes est le *colcannon* (le « déjeuner du laboureur »), un mélange de purée de choux, de pommes de terre, de lait, de beurre et d'oignons, très prisé autrefois pour les jours maigres, car il ne contient pas de viande. On le servait les vendredis ou pour Halloween. Le chou est aussi la base d'un autre plat national, le *bacon and cabbage* que l'on sert à l'occasion de repas festifs, comme pour le jour de la Saint-Patrick.

La viande de la ferme

Les viandes jadis les plus consommées en Irlande étaient le mouton et le porc, déjà élevés du temps des Celtes. Ainsi, la plupart des recettes traditionnelles utilisent-elles principalement ces deux viandes. Le bœuf est, quant à lui, la viande préférée des Anglais. L'*irish stew,* le plat national, est préparé avec des pommes de terre, des oignons, des herbes et du mouton coupé en dés, puis qui mijote longuement au four dans du bouillon. Autre plat consistant et bon marché, le bœuf à la Guinness se consomme dans tous les pubs de la capitale.

Poissons et préjugés

Curieusement pour une île, le poisson n'est pas un aliment de base. En dehors du *fish and chips* ou du poisson du vendredi, on ne le consomme guère en famille. Cependant, de plus en plus de restaurants l'incluent largement dans leurs menus,

même s'il est surtout apprécié par les étrangers. Autrefois, on considérait le poisson comme un mets de pauvre. Harengs et maquereaux étaient vendus dans les rues de Dublin par les consœurs de la célèbre Molly Malone (voir p. 26). Le saumon, qui est le poisson irlandais par excellence, était tellement courant à une époque que parmi les revendications des employés figurait celle de ne pas en manger plus de trois fois par semaine ! Du temps des Celtes, c'était toutefois un mets de choix, servi grillé avec du miel. Aujourd'hui, le saumon sous toutes ses formes, mariné, fumé, en sauce, poché ou grillé est consommé partout, mais c'est sauvage et fumé au bois de chêne qu'il est le meilleur.

Thé ou café

Après la bière, le thé largement allongé de lait est l'autre boisson nationale que les Irlandais consomment à toute heure de la journée. Simple coupe-soif au milieu du shopping, boisson d'accompagnement des repas, gage d'hospitalité dès votre arrivée, il se sert dans une tasse ou dans un *mug,* haute chope de porcelaine ou de faïence. On vous le propose seul ou accompagné de biscuits ou de scones. La tradition du *high tea,* véritable repas léger de 17h, est plus sophistiquée et résolument britannique. Le café devient de plus en plus à la mode et les Irlandais l'adorent avec du lait, pour la pause du matin, à 11h.

La légende de l'*irish breakfast*

Vous qui êtes habitué à une tartine et à un café rapide au réveil, préparez-vous au plantureux petit déjeuner traditionnel. La règle veut que l'on commence par un jus de fruits suivi de céréales ou de *porridge.* Ensuite vient ce que l'on appelle le *fry* : bacon, saucisse, boudin noir, œuf au plat (*mirror* ou *sunny side up*) ou brouillé *(scrambled)* et tomates. Le tout s'accompagne de pain grillé, de beurre et de confiture, et s'arrose de thé ou de café. Une variante propose du poisson fumé avec de la crème et des galettes de pommes de terre.

Shopping
mode d'emploi

Les quartiers où *shopper*

Dublin ressemble à une ville de province et les rues commerçantes sont peu nombreuses. Les **grands magasins et autres enseignes bon marché** se trouvent, pour la plupart, au **nord de la Liffey** : Arnotts, Debenham's, Dunnes Stores (Henry Street), Marks & Spencer (Mary Street) proposent une sélection très large d'articles (mode, déco, accessoires) à prix moyens. Henry Street et Mary Street alignent aussi les **enseignes trendy anglaises,** coups de cœur des jeunes branchés. Earl North Street est la rue des ***bargain stores***, sortes de foires à 2 €. Les **boutiques de mode les plus chic** se trouvent sur Grafton Street et dans les rues alentour. Cependant, préférez les petites **boutiques indépendantes et les collectifs de designers** autour de Clarendon Street, Drury Street et William Street South. Le sud a aussi ses ***shopping malls***, le Powerscourt Centre et le Stephen's Green Shopping Centre. Nassau Street et les rues autour du Trinity College concentrent le meilleur de l'**artisanat** tandis que Francis Street regorge d'**antiquités** et de pièces de collection.

Horaires d'ouverture

Les magasins ouvrent généralement du lundi au samedi, de 9h à 18h. Le **jeudi soir**, la fermeture est plus tardive, vers 19h-21h. Le **dimanche**, la plupart des grands magasins et des boutiques sont ouverts l'après-midi de 13h à 17h, mais dans l'ensemble, ils **ferment le jour de Pâques, le 25 décembre, le jour de la Saint-Patrick (17 mars)** et restent ouverts les autres jours fériés.

Payer ses achats

Tous les magasins acceptent les **cartes bancaires** internationales (Visa, MasterCard…) ; en revanche, ce n'est pas toujours le cas pour l'American Express. En règle générale, on vous fera signer le reçu, car les Dublinois utilisent peu les claviers à code confidentiel. Sachez également que tous les paiements par carte bancaire sont gratuits, c'est-à-dire qu'aucune commission n'est appliquée (voir p. 131).

SE REPÉRER

Nous avons indiqué pour chaque adresse Shopping sa localisation sur le plan général (B2, G8…). Pour un repérage plus facile en préparant votre week-end ou lors de vos balades, nous avons signalé sur le plan par un symbole rouge toutes les adresses de ce chapitre. Le numéro en rouge signale la page où elles sont décrites.

Notre Top des boutiques *girly*

- **Carousel**
  St Stephen's Green – *Voir p. 81.*
- **Om Diva**
  St Stephen's Green – *Voir p. 82.*
- **Penneys**
  Le long de la Liffey – *Voir p. 83.*
- **Topshop**
  St Stephen's Green – *Voir p. 83.*
- **Rua Dublin**
  O'Connell Street – *Voir p. 101.*

Notre Top des boutiques mode et accessoires pour tous

- **Costume**
  St Stephen's Green – *Voir p. 81.*
- **Maven Boutique**
  St Stephen's Green – *Voir p. 82.*
- **The Loft Market**
  St Stephen's Green – Voir p. 82.
- **Mad Hatter**
  St Stephen's Green – *Voir p. 84.*
- **MoMuse**
  St Stephen's Green – *Voir p. 85.*
- **Indigo and Cloth**
  Temple Bar – *Voir p. 86.*

Correspondance des tailles et pointures

VÊTEMENTS FEMME

France	36	38	40	42	44
Irlande	8	10	12	14	16

CHAUSSURES FEMME

France	35	36	37	38	39	40
Irlande	2	3	4	5	6	7

Mais aussi... les *season sales*

Pour faire des affaires, il faut venir au moment des **soldes** (*season sales*). Les soldes d'hiver débutent dès le lendemain de Noël et durent tout le mois de janvier. Les soldes d'été commencent fin juin et se poursuivent en juillet. Cependant, sachez qu'en Irlande, les soldes ne font pas l'objet de décret, les commerçants proposent donc des promotions toute l'année (*mid season sales*).

Pour les femmes

En matière d'habillement, Dublin cultive les paradoxes. Les grands classiques, vestes huilées, tweeds et tricots – des basiques incontournables que l'on retrouve dans toutes les garde-robes – côtoient volontiers les créations de jeunes stylistes irlandais qui n'hésitent pas à revisiter la tradition avec imagination. Les boutiques dublinoises vous offriront un large panorama de leur esprit créatif.

Claire Garvey

6 Cow's Lane (G7)
☎ 671 7287
www.clairegarvey.com
Mar.-sam. 10h-17h30 (f. jeu.).

Forte de plus d'une dizaine d'années d'expérience dans la couture et dans la création de robes de mariée, cette styliste irlandaise cultive une mode intemporelle mêlant habilement le style 1900, la mode des années 1980, les robes Empire et la tradition médiévale irlandaise. Fidèle aux vieux tissus et sensible aux influences russes et gitanes, c'est avec une grande finesse qu'elle joue sur les ornements faits de perles, de broderies et de tulle. Des robes originales à partir de 289 € à mille lieues des matières microfibres de la mode contemporaine !

Design Centre

Powerscourt Centre,
59 South William Street (H7)
☎ 679 5718
www.designcentre.ie
Lun.-sam. 10h-18h
(20h jeu.), sam. 9h30-18h.

Un bel espace immaculé et lumineux qui accueille la crème de la création irlandaise avec des signatures classiques, telles que John Rocha, Philippe Treacy, parmi lesquelles s'invite Caroline Kilkenny. Les stylistes internationaux sont, par ailleurs, très bien représentés. Les créations sont chic et branchées, certes, mais il est plutôt rare de trouver une pièce à moins de 100 €. À l'occasion, vous aurez peut-être l'opportunité d'y voir des tenues entre 79 € et 89 €.

Costume

10-11 Castle Market (H7)
☎ 679 4188
www.costumedublin.ie
Lun.-sam. 10h-18h (19h jeu.).

Fondée par trois sœurs, Tracy, Leigh et Anne Tucker, en 1997, l'enseigne Costume a toujours été et restera longtemps le rendez-vous des *fashion victims*. La boutique vend, bien évidemment, la marque Costume, créée et fabriquée à Dublin, mais aussi la célèbre marque française Isabelle Marant. En principe, vous êtes assurée d'être à l'avant-garde de la mode. Robe à partir de 300 €, gants environ 35 €.

Carousel

20 Exchequer Street (H7)
☎ 677 8713
www.ilovecarousel.com
Lun.-mer. 11h-18h30, jeu. 11h-20h, ven. 11h-19h, sam. 10h30-18h30.

Voici une boutique parfaite pour les inconditionnelles des robes (49-75 €). Il y en a pour tous les goûts et pour tous les styles ! Elles sont légères, avec ou sans manches, plissées ou non, avec ou sans ceinture, mais toujours imprimées de fleurs, dans un esprit très *British*, ou de nuées d'oiseaux, avec un je-ne-sais-quoi qui rappelle délicieusement les *fifties*... Louise et Tom Walsh s'amusent également à recréer des robes années 1930 du Japon, de Shangai ou de Singapour. Pourquoi ne pas succomber pour apporter une touche d'exotisme dans votre garde-robe ?

Tamp & Stitch

Unit 3, Scarlet Row, Essex Street West (G7)
☎ 515 4705
Facebook : Tamp and Stitch
Lun.-ven. 10h-18h, sam. 11h-18h, dim. 13h-17h.

Tamp, « tasser », c'est pour le percolateur qui trône au centre de la boutique. Stitch, c'est pour le « point », celui que l'on fait en couture. Ici on mélange les genres : boutique-café ou café-boutique, Tamp & Stitch propose des créateurs triés sur le volet. Ils vendent de charmants tee-shirts imprimés, des tee-shirts unisex Soot & Ty et des vêtements de la créatrice irlando-japonaise

Miwa Walshes. Pour les *kids*, des chemises et des robes pré-imprimées à colorier soi-même (env. 55 €), des vêtements de la marque irlandaise Moobles & Toobles et de la marque thaï Little Pilgrim.

The Loft Market

Powerscourt Centre,
59 South William Street
(au 2e étage, H7)
☎ 671 7000
www.theloftmarket.com
Lun.-sam. 10h-18h, jeu. 19h, dim. 13h-17h.

Loft Market affiche une belle sélection de stylistes, designers et bijoutiers irlandais. Ici, vous trouverez des pièces uniques ou en très petites séries, fabriquées en Irlande pour une mode plutôt assagie, mais loin d'être sans piquant ! Nos favoris ? Les robes espiègles du label irlandais Tokiki et, du côté de la collection vintage, les sacs et les besaces en cuir d'Ark Vintage, en direct des années 1960 et 1970. Difficile de résister !

Maven Boutique

29 Wicklow Street (H7)
1er étage
☎ 478 9226
www.mavenboutique.com
Mar.-sam. 11h-18h
(19h jeu.-ven.).

Pour autant d'élégance, il ne fallait pas hésiter à faire un pas de côté, loin de la frénésie des rues commerçantes. Miss Beatty a choisi ce quartier pour défendre quelques designers dont les créations, il est vrai, ne laissent pas indifférent : le cachemire mêlé de cotton des cardigans chic et soignés (245 €) de l'Irlandaise Siam Jacobs ou encore les créations de la modiste dublinoise Wendy Judge. Cependant, par-dessus tout, Ms. Beatty dessine et fabrique des bijoux magnifiques, entre la

grâce de Coco Chanel et la punk attitude de Patty Smith (à partir de 80 €).

Om Diva

27 Drury Street (H7)
☎ 679 1211
www.omdivaboutique.com
Lun.-sam. 10h-18h30 (19h30 jeu.), dim. 12h-18h.

Il n'y a plus l'ombre d'un doute : la mode dublinoise est en pleine ébullition, et ce showroom du SoDa ne compte pas se satisfaire de présenter ses créateurs les plus sages. Avis aux plus excentriques, ici ça décoiffe ! Les couleurs sont plutôt *flashy*, les motifs,

des plus sobres aux plus tape-à-l'oeil, s'épanouissent sur les pulls, les robes ainsi que les tee-shirts, et les matières brillent par leur diversité. Les créations de Colin Horgan sont attrayantes, à mi-chemin entre la princesse médiévale et le motard moderne. Ici, c'est également le paradis des hippies avec une collection de vêtements vintage haute en couleur !

Penneys

47 Mary Street (C3)
☎ 888 0500
www.primark.ie
Lun.-ven. 8h30-20h (21h jeu.), sam. 8h30-19h, dim. 10h30-19h.

Penneys est le nom irlandais du célèbre Primark. C'est ici qu'a été fondée la future coqueluche de toutes les *teens*… et de leurs mères ! Les collections et les modèles sont innombrables, du top aztèque (9,65 €) à la robe à fleurs (16,90 €) sans oublier des tonnes d'accessoires (11 € le sac à dos), de lingerie et de produits de beauté à des prix défiants toutes concurrence, de quoi faire de bonnes affaires. Une mode sympa, mais pas très durable !

Topshop

6-7 St Stephen's Green (I8)
☎ 672 5009
www.topshop.com
Lun.-mer. 9h30-19h, jeu. 9h30-21h, ven. 9h30-20h, sam. 9h30-19h, dim. 11h-18h30.

Topshop, le chouchou des jeunes filles de Londres et de toutes les fashionistas en règle générale, a pris ses quartiers à Dublin où il commande l'entrée de Grafton Street, la Mecque du shopping. De là à dire qu'il donne le ton… Des robes, de la lingerie,

des sacs, des chaussures, des lunettes, des bijoux, des chapeaux, des produits de beautés… Topshop pourvoit à tous les besoins et à toutes les envies en matière de mode. Il est plus sophistiqué et plus branché que son concurrent, Penneys, mais il est également un peu plus cher (comptez entre 30 et 60 € pour une robe, et 25 à 80 € pour un jean). Ses soldes monstres font partie des rendez-vous immanquables de la ville.

Accessoires et bijoux

En passant des chapeaux pour dame chic aux bijoux précieux mais résolument contemporains, vous découvrirez à Dublin le moyen de mettre un grain de folie dans vos tenues. Osez détourner les classiques gants de peau en les choisissant orange ou vert cru. Abandonnez les diamants sertis à l'ancienne pour d'étonnants mariages d'ors blanc et jaune. Chinez pour dénicher le collier opulent des Années folles…

Urban Outfitters

4 Cecilia Street et
7 1/2 Fownes Street Upper (H7)
☎ 670 6202
www.urbanoutfitters.co.uk
Lun.-sam. 10h-19h
(20h jeu.-ven.),
dim. 12h-18h.

Coup de cœur pour la fameuse enseigne américaine. Ce bel espace recèle une foule d'objets déco décalés pour la maison, du prêt-à-porter hippie chic ainsi qu'un espace disques branché *lounge*. C'est surtout une mine pour les fashionistas qui aiment accessoiriser leurs vêtements, pour un look casual ou plus chic et girly le soir. Vous trouverez votre bonheur parmi les nombreux bijoux, headbands et pochettes en tout genre.

Mad Hatter

20 Lower Stephen Street (H8)
☎ 405 4936
www.madhatterhat.ie
Mer.-sam.10h-17h30 (19h30 jeu.).

Le « chapelier fou » est une femme et dans sa jolie boutique, à deux pas de St Stephen's Green, chapeaux à plumes ou à voilettes s'accrochent sur tous les murs… Si vous êtes un *race goer* – ceux qui assistent aux courses hippiques – attention à la faute de débutant : un chapeau à bord trop large ne sied pas au terrain venteux ! La collection de chapeaux (135-350 €) réunis par Nessa Cronin est un vrai concentré d'élégance.

Buffalo Boots

16 Exchequer Street (H7)
☎ 671 2492
www.buffalo-shop.de
Lun.-mer. 10h30-18h30,
jeu. 10h30-20h, ven. 10h30-19h,
sam. 10h-19h, dim. 12h30-17h30.

À vous les chaussures délirantes : sabots cloutés, bottes western avec motifs de fleurs et une ribambelle d'escarpins *flashy*... Ici, de toute évidence, plus ça se voit, mieux c'est ! Certains des modèles sont vraiment originaux, comme les rigolotes Fly London (env. 150 €). Dans tous les cas, vous ne passerez pas inaperçue !

Barry Doyle Design Jewellers

George's Street Arcade, 30 South Great George's Street Arcade (1er étage, H7)
☎ 671 2838
www.barrydoyledesign.com
Lun.-sam. 10h-18h (19h jeu.).

Dans sa boutique-atelier, Barry Doyle façonne de ravissants bijoux contemporains et d'inspiration celtique. À base d'argent, d'ors blanc et jaune ou de platine, sa colonie de bagues épurées parfois serties de pierres précieuses ou semi-précieuses et ses colliers savamment déstructurés, mais d'une grande finesse, séduiront les adeptes de l'élégance discrète. Bagues en argent env. 100 €, en or à partir de 400 €.

Rhinestones

18 St Andrew Street (H7)
☎ 679 0759
Lun.-sam. 9h30-18h30 (21h jeu.), dim. 12h-18h.

Parures victoriennes, colliers Art nouveau ou Art déco, broches tchèques ou perles de verre vénitiennes des années 1930, jumelles d'opéra, émaux norvégiens des années 1940, bijoux signés et créations de designers célèbres qui ont œuvré pour les stars hollywoodiennes. Rhinestones renferme de véritables raretés telles ces broches en cheveux naturels ou ces bijoux de suffragettes (de 290 à 400 €). Un tuyau : c'est le seul endroit où l'on peut trouver les créations de l'Irlandaise Katrina Barker.

New Moon

28 Drury Street (H7)
☎ 671 1154
www.newmoon.ie
Lun.-sam. 10h-18h (19h jeu.), dim. 12h-18h.

Une grande variété de styles, d'inspiration ethnique, dans cette boutique de bijoux et d'accessoires fantaisie. On aime particulièrement les motifs celtes (bagues de 20 à 50 €), à base de spirales et d'entrelacs, sertissant de larges blocs d'ambre et de pierres colorées. Des bagues toutes simples jusqu'aux colliers très imposants (de 20 à 500 €), il y en a pour toutes les bourses.

MoMuse

Powercourt Centre
59 South William Street (au rez-de-chaussée, H7)
☎ 707 1763
www.momuse.ie
Lun.-mer. 10h30-18h, jeu. 10h30-19h, ven.-sam. 10h30-18h, dim. 13h-17h.

Dans le boutique, l'ambiance est plutôt *cosy*. Les accessoires sont *made in Ireland* et finis à la main par Margaret O Rourke, créatrice de bijoux et propriétaire du magasin : des boucles d'oreilles en pierre de lave bleu nuit (55 €), des bracelets en perles de cristal (75 €)... Si vous hésitez, Margaret sera ravie de vous conseiller.

Têtes en fête

Le chapeau et tout ce qui tient lieu de couvre-chef occupent une place à part dans l'élégance irlandaise, qui l'emprunte dans ce domaine à sa voisine et rivale britannique. Car le chapeau est tout pour la femme qui se respecte, quel que soit son âge. Il est raisonnable et confortable pour les jours d'hiver, drapé d'une voilette ou couronné de plumes pour faire plus chic, et carrément coloré et délirant dès que le soleil paraît. En avant sur le front, jusqu'aux sourcils, il confère mystère et séduction ; coquettement de guingois, il élance la silhouette. Si vous êtes une fraîche convertie à cet art de tête, apprenez à l'accorder au sac à main et aux gants qui existent toujours dans les tons assortis.

Pour les hommes

Pour les hommes, les achats les plus intéressants concernent les vêtements classiques, vestes de tweed, manteaux, chemises et pulls. Néanmoins, l'influence américaine, de plus en plus marquée, assure aussi la présence de tous les styles d'outre-Atlantique, du gentleman côte est au cow-boy sans complexe…

Indigo & Cloth

9 Essex Street East (H7)
☎ 670 6403
www.indigoandcloth.com
Lun.-sam. 10h-18h.

Indigo & Cloth… ou le *come back* des Vikings !

Car dans cette belle boutique aux confins de Temple Bar, aucune marque irlandaise n'est représentée, mais on n'y trouve sans problème le meilleur du prêt-à-porter scandinave : Our Legacy (veste, env. 290 €), Sandqvist, Hentsch Man (chemise à 120 €), Norse Projects. Les assemblages sont solides, les lignes droites, les tons neutres, bref, le tout est d'une élégance robuste, fonctionnelle et intemporelle.

Reiss

1 St Stephen's Green (I8)
☎ 671 2588
Lun.-ven. 10h-19h (20h jeu.), sam. 10h-18h, dim. 11h-18h.

Avec ses pièces classiques de la mode anglaise revisitées, la célèbre marque londonienne n'en finit pas de conquérir de plus en plus de gens. Costumes cintrés, blazers, chemises Oxford, ses créations sont plutôt sages, mais cravates en laine, pulls chinés, vestes croisées à six boutons, blouson bomber en jacquard donnent un twist *sixties* et *seventies* du meilleur effet. Pour compléter la tenue, Reiss fait aussi des sacs (87-270 €), des chaussures et tout une gamme de pochettes de costume excentriques (30 €).

Size ?

26 Wicklow Street (H7)
☎ 677 1637
www.size.co.uk
Lun.-ven. 10h-19h (20h jeu.), sam. 9h30-19h, dim.12h-18h.

Dire de la sneaker qu'elle est une chaussure de sport est

un peu court. La sneaker est une véritable culture avec son langage, ses marques, ses modèles, ses références musicales et sportives. Pour une leçon accélérée, entrez dans cette boutique très courue du SoDa (South of Dame Street Area). Toutes les grandes marques sont là (en moyenne 75 € la paire), des plus connues comme Adidas, Converse (53 €), Asics ou Fred Perry aux *outsiders* Keds ou Pointer.

BT2

28 Grafton Street (I8)
☎ 605 6747
www.bt2.ie
Lun.-ven. 9h30-20h (21h jeu.), sam. 9h-20h, dim. 11h-19h.

Cette annexe du très chic grand magasin Brown Thomas est le repaire des jeunes urbains à la recherche de vêtements décontractés et branchés. Rien d'extravagant, mais des grandes marques internationales, au même prix que dans toutes les autres capitales du monde (de 60 à 1 000 €) s'y cotoient. Ici, les favoris sont Lyle & Scott, Diesel, Salsa Jeans, Clover Canyon, James Perse, Calvin Klein… Particulièrement intéressant au moment des soldes.

Kennedy & McSharry

Powerscourt Centre,
59 South William Street (H7)
☎ 677 8770
www.kennedymcsharry.ie
Lun.-sam. 9h-18h (20h jeu.), dim. 13h-17h.

Dans cette très sérieuse maison traditionnelle, vous trouverez de solides pardessus, des pulls et des écharpes pure laine (à partir de 25 €), des casquettes et des chapeaux traditionnels (à partir de 25 €) ainsi qu'une sélection de cravates. Tout ce dont un gentlman a besoin pour parfaire son style et soigner son élégance.

Kevin & Howlin

31 Nassau Street (I7)
☎ 677 0257
www.kevinandhowlin.com
Lun.-sam. 10h-17h (ouv. dim. en été).

Chic et indémodable, la boutique Kevin & Howlin est le paradis du tweed du Donegal de la meilleure tenue. Les teintes fondues des vestes sont parfois trompeuses. En effet, les motifs et les couleurs

sont nombreux. Seule la texture est la même, sèche et infroissable comme il sied à un vêtement de bonne qualité. Comptez entre 350 et 450 € pour une veste, au moins 400 € pour un manteau et à partir de 35 € pour les casquettes et chapeaux. Dans la boutique, le service est excellent, les vendeurs sont à l'écoute !

Casquette ou chapeau ?

Ne manquez pas de rapporter un couvre-chef d'Irlande. Entre la casquette et le chapeau, deux écoles s'affrontent. La première est presque l'emblème national, le second protège mieux de la pluie. Un impératif : la qualité du tweed, qui doit être serré et infroissable pour pouvoir fourrer l'accessoire dans sa poche et le remettre ensuite sur la tête sans avoir l'air débraillé !

Au bonheur des enfants

Même si les stylistes irlandais sont assez peu nombreux à s'intéresser à la mode enfantine, vous trouverez tout de même à Dublin de quoi satisfaire les envies de vos chères têtes blondes. Il y en a pour tous les goût, pour tous les styles et pour toutes les occasions. Misez sur les accessoires kitsch dont les enfants raffolent ou sur les jouets, copies d'anciens.

Jojo Maman Bébé

14 Wicklow Street (I7)
☎ 633 6805
www.jojomamanbebe.co.uk
Lun.-sam. 9h30-17h30 (19h jeu.), dim. 11h-17h.

La *success story* de Jojo Maman Bébé (0-5 ans), et de sa créatrice Laura Tenison, a commencé il y a 20 ans au pied des phares bretons... expliquant sans le moindre doute le style marinière et polo marin qui inspire toujours les classiques de la collection (17 € la marinière). Mais pas seulement, car l'Irlando-Galloise est revenue aux sources : les imprimés fleuris sont partout. C'est frais, moderne... Et les vêtements plairont aux parents comme aux enfants !

The Art & Hobby Shop

Jervis Shopping Centre, 25 Abbey Street Upper (1er étage, C3)
☎ 874 5312
www.artnhobby.ie
Lun.-jeu. 9h-18h30 (21h jeu.), ven.-sam. 9h-19h, dim. 11h-18h30.

Véritable mine d'idées, ce magasin occupe vos bouts de chou avec des jeux créatifs en pagaille pour confectionner des bijoux et du maquillage, inventer des porte-clés, des bougeoirs et des badges, customiser un réveil, une boîte à secrets... La grande variété de papiers et de cahiers à dessin, de pastels

et de pinceaux réveilleront également les humeurs arty des parents. Au rayon des jouets, on trouve des marionnettes rigolotes, des dinosaures effrayants, des jeux de société drôles et ludiques, toutes sortes de puzzles et même des kits pour les apprentis magiciens.

Pearl

30A South King Street (H8)
☎ 633 4817
Facebook : Pearl Children's Boutique
Lun.-sam. 10h-17h30 (20h jeu.), dim. 12h-17h30.

La boutique Pearl porte plutôt bien son nom, car ici vous allez effectivement trouver des perles, et des plus belles. Par exemple, les créations des designers danois Molo, Phister & Philina ou encore Miniature pour habiller les enfants de 0 à 10 ans d'une mode colorée, fraîche et souvent fantasque (de 15 € à env. 100 €). On aime beaucoup les *baby suit* imprimés signés Molo (env. 30 €) ou également les pastels des robes rétro de la marque Phister & Philina (env. 50 €).

Petit, baby & children's wear

25 Exchequer Street (H7)
☎ 677 8911
www.petit.ie
Lun.-sam. 10h30-18h.

Ce designer italien propose de ravissants vêtements de cérémonie pour les bébés et les enfants (de 0 à 12 ans). Vous trouverez d'un côté, robes blanches à gros nœuds et volants de tulle pour les filles, de l'autre côté, blazer marin et veste satin pour les garçons, avec également toute une collection de bandeaux, de bonnets, de petits chapeaux, de chaussons ou de souliers assortis aux tenues. Votre enfant va pouvoir se vêtir de la tête aux pieds, Petit, baby & children's wear pense à tout ! Dans un esprit un peu plus décontracté, mais toujours aussi chic, il est possible de trouver des robes (100 €), pour courir sur la plage ou pour chasser les papillons.

Que faire avec des enfants ?

L'ancien temple quaker du XVIIIe s. a trouvé une seconde vocation : élever les âmes de vos chers bambins (de 2 à 12 ans). Avec une programmation culturelle éclectique et réjouissante : du théâtre, de la musique, de la danse, des expositions, des projections de film, des ateliers de cirque (tickets en vente en ligne et sur place, 8-15 €). De quoi leur éviter une overdose de vieilles pierres.

The Ark :
11A Eustace Street (H7)
☎ 670 7788
www.ark.ie
Réservation : lun.-ven. 10h-16h30.

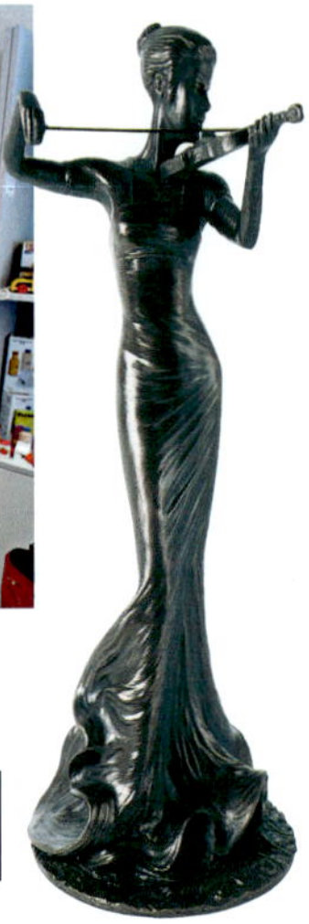

Maison et décoration

Largement influencée par l'art de vivre anglo-saxon, Dublin recèle quelques bonnes surprises pour les amateurs de déco. Ne cherchez pas nécessairement les boutiques les plus chères, car elles sont souvent trop classiques ou ne vendent que des articles importés d'Europe continentale. À l'inverse, certains grands magasins proposent des objets bon marché et du meilleur goût, même s'ils sont souvent entourés d'articles un peu kitsch.

CLASSIQUE ET RÉTRO

The Drawing Room

29 Westbury Mall (I7)
Johnson's Court
☎ 677 2083
Lun.-sam. 10h-17h30 (19h jeu.).
Pour les amoureux de la déco classique, georgienne ou victorienne, la boutique propose une sélection de ravissants objets d'un goût très sûr. On hésite entre les cadres en acajou ouvragé, les bibelots, les coussins au petit point et surtout les pieds de lampe en porcelaine chinoise, dont certains dans de rares tons de jaune doux, en bois peint de riches couleurs en camaïeu, ornés de motifs floraux. Compter au moins 50 € pour une lampe.

Dunnes Home

46-50 South Great George's Street (H7)
☎ 470 5103
www.dunnesstores.ie
Lun.-mer. 10h-18h30, jeu. 9h-20h, ven.-sam. 9h-19h, dim. 12h-18h.

C'est une institution locale. Vous y trouverez tout pour la maison : des housses de couette, des lampes, des coussins, des vases, de

la vaisselle… L'ensemble est plutôt classique et sans surprise, à l'exception des créations exclusives du designer Paul Costelloe : des porcelaines fines (assiettes, tasses à café) décorées par le styliste de silhouettes graciles, mais aussi des bougies parfumées (8,50-26 €) et de jolis cadres photo.

Avoca

11-13 Suffolk Street (I7)
☎ 677 4215
www.avoca.ie
Lun.-mer. 9h30-18h, jeu.-ven. 9h30-19h, sam. 9h30-18h.

Un grand magasin purement irlandais qu'on apprécie particulièrement, tout d'abord pour ses proportions mesurées, ensuite pour l'originalité et l'élégance des articles proposés. Dans une explosion de couleurs, le traditionnel se mêle à la mode du moment tant dans le prêt-à-porter que dans les accessoires, les cadeaux et les fournitures pour la maison. On fera des trouvailles dans le rayon enfants où trônent de grosses toupies anciennes et d'adorables mallettes à dînette. Au sous-sol, on se régale au bar à salades, un lieu de rendez-vous idéal pour discuter entre copines.

Find

Unit 1, Saul's Court, Cows Lane (G7)
☎ 866 078 667
www.findonline.ie
Mar.-sam. 11h30-17h30, dim. 14h-17h.

Dans le genre bric-à-brac d'objets vintage pour la maison, c'est notre petit préféré : plateaux à gâteaux, vaisselle fleurie, trophée de cerf, céramiques kitsch, fioles d'apothicaire, chaise 1900, vieille mappemonde, table à café *sixties*. Une collection éclectique et très *British* glanée dans toutes les îles britanniques.

FUN ET DESIGN

Stock

33-34 South King Street (H8)
☎ 679 4316
Lun.-sam. 9h30-17h45, dim. 12h30-17h30.

Une affaire de style

La décoration est un hobby que les Anglo-Saxons pratiquent selon des codes précis. En général, on mélange peu les époques et les genres. Quatre grands courants se retrouvent dans les boutiques. **Le style georgien,** à la rigueur classique, aux lignes strictes et austères, se marie bien avec l'architecture dublinoise : tentures sobres et lourdes, beaucoup d'unis et de rayures. **Le style victorien** combine l'acajou et les fleuris chargés, les dentelles et les volants, les bibelots et les lampes à frous-frous. **L'esprit cottage,** plus campagnard, reprend les fleurs en préférant le chintz au brocart ou le pin patiné au bois précieux. Enfin, inspiré du design de Jasper Conran ou de John Rocha, **l'ameublement contemporain,** très en vogue à Dublin, décline les bois nobles (orme, chêne) le métal dépoli et les lignes très épurées.

Vous y verrez quelques meubles séduisants, mais c'est surtout pour ses ustensiles et objets de cuisine que cette boutique vaut le détour. Les cordons-bleus s'y pressent pour les moules à gâteaux de toutes les formes, comme ce moule à pain rond très pratique, en forme de rouleau, ou pour les instruments malins, râpes à julienne, outils pour percer les œufs sans les fendre… Ne manquez pas non plus l'éventail de paniers de rangement en osier robuste.

Industry

41AB Drury Street (H7)
☎ 613 9111
www.industrydesign.ie
Lun.-mer. 8h30-18h, jeu. 8h30-19h, ven. 8h30-18h30, sam. 9h30-18h30, dim. 11h30-18h.

Cette boutique surfe avec talent sur la vague de l'esthétique industrielle. Toutefois, ne vous y trompez pas : si tout ici a un petit air rétro, rien n'est d'époque ! Vous y trouverez des lampes de bureau articulées – semblable à la célèbre Anglepoise des ateliers (195 €) – mais aussi des sérigraphies, des cahiers et carnets imprimés d'objets rétro, des ampoules à filament *old style* (7-12,50 €), des répliques amusantes de téléphones années 1950… Le chic industriel à des prix raisonnables !

Designist

68 South Great George's Street (H7)
☎ 475 8534
www.designist.ie
Lun.-sam. 10h-18h30 (20h30 jeu.), dim. 12h-18h.

Voici une boutique extra, créée par un duo de designers, où vous pourrez fabriquer votre propre fromage (the big cheese making kit, 30 €), projeter des photos ou des vidéos sur un mur avec votre smartphone (smartphone projector, 25 €), créer une ambiance romantique chez vous avec une horloge représentant la Lune (moon clock, 47,50 €) pour ne citer que quelques objets loufoques et géniaux à glisser dans votre valise. Du côté du graphisme, on adore les tabliers Dublin de The Cake Café (19,50 €, voir aussi p. 34).

VERRE ET ARGENTERIE

Weldon

55 Clarendon Street (I7)
☎ 677 1638

La juste mesure

Méfiez-vous des unités de mesure lorsque vous achetez du tissu. Bien que le système métrique soit utilisé largement, les boutiques les plus traditionnelles vendent toujours au *yard* (yd). Plus court que le mètre d'environ 10 %, il vous réserve de mauvaises surprises si vous n'y pensez pas. Quant aux encadrements, couvertures et plaids, linge de lit ou de table, petits meubles, l'unité est l'*inch* (in) ou pouce.

1 yd = 0,91 m
1 m = 1,09 yd
1 in = 2,54 cm
1 cm = 0,39 in.

www.weldons.ie
Mar.-sam. 10h-17h30.

Cette maison sérieuse et très célèbre dans tout le pays a été fondée en 1940. Elle s'est imposée comme le leader incontestable de l'argenterie irlandaise des époques georgienne et victorienne. Dans les vitrines éblouissantes de sa boutique s'amoncellent de belles théières ventrues, des chandeliers, des plateaux ciselés, des couverts (cuillères à thé à partir de 35 €), des sauciers, des sucriers et quelques broches celtiques

du XIXe s. Les vendeurs ont de solides connaissances sur les objets et vous conseilleront parfaitement. Toutes les pièces sont d'excellente qualité et, parmi elles, des pièces très rares sont à chiner. Également des bijoux vintage.

TISSUS, POSTERS...

Murphy, Sheehy & Co

14 Castle Market (H7)
☎ 677 0316
www.murphysheehy.com
Lun.-ven. 10h-18h (18h30 jeu.), sam. 10h-17h30.

Un joyeux fouillis de rouleaux de tissus de tous les genres, parmi lesquels vous repérerez lainages, lins et cotonnades pour un ameublement campagnard ou raffiné. Alimenté en chutes de stylistes, le stock change souvent. Osez détourner les tweeds irlandais (Donegal, 25 à 29 € le mètre), les laines pour en faire des jetés de canapé ou de moelleuses tentures. Des coussins imprimés et colorés viendront apporter une touche de fantaisie à votre intérieur (35 à 49 €). Du côté de la cuisine, de bonnes affaires avec de jolies torchons en lin (4 €).

Gallery 29 Vintage Posters

29 Molesworth Street (I8)
☎ 642 5784
www.gallery29.ie
Mar.-sam. 10h-17h30.

Dans la catégorie « Affiches d'époque », John Rogers n'a pas de rival sur les rives de la Liffey. Vous ne trouverez ici aucune reproduction, seulement de l'original, d'Irlande – les pubs touristiques des années 1950 sont irrésistibles –, de Russie, de Pologne, d'Angleterre et des États-Unis (comptez entre 300 et 500 € selon la rareté et l'état de conservation). La collection change régulièrement, en fonction des trouvailles du propriétaire. Bref, des centaines d'affiches épatantes et classées par thème : music-hall et théâtre, films, produits alimentaires, voyages...

Artisanat traditionnel

Vous ne manquerez pas de voir une multitude de magasins spécialisés dans les tricots, tweeds et cristaux, fleurons de l'artisanat irlandais. Méfiez-vous cependant, le meilleur côtoie le pire, et les qualités sont très inégales. Si quelques bonnes affaires sont possibles, les vrais produits du terroir sont chers mais faits pour durer une vie.

Cleo

18 Kildare Street (I8)
☎ 676 1421
www.cleo-ltd.com
www.irishclothing.ie
Lun.-sam. 9h30-17h30 (été), 10h-17h30 (hiver), parfois le magasin n'ouvre pas, donc il est préférable de téléphoner avant.

En matière de vêtements irlandais traditionnels, Cleo est incontournable. Les meilleurs stylistes irlandais, fidèles à la confection artisanale et à l'emploi des fibres naturelles que sont la laine et le lin, déclinent dans des coupes élégantes et de jolis coloris, capes avec écharpes, gilets à gros boutons, vestes et chemises traditionnelles de pêcheurs ou de fermiers, pulls d'Aran, ceintures, chapeaux et châles. Les prix sont élevés (env. 300 € le pull en laine), mais justifiés par la qualité et l'originalité des articles.

The House of Ireland

37-38 Nassau Street (I7)
☎ 671 1111
www.houseofireland.com
Lun.-sam. 9h-18h30 (20h jeu.), dim. 10h30-18h.

Des pulls d'Aran pour homme faits main, avec le nom de la tricoteuse sur une étiquette, ou bien tricotés à la machine (ras-du-cou environ 50 €). Des tricots main pour enfant (autour de 50 €), des écharpes en

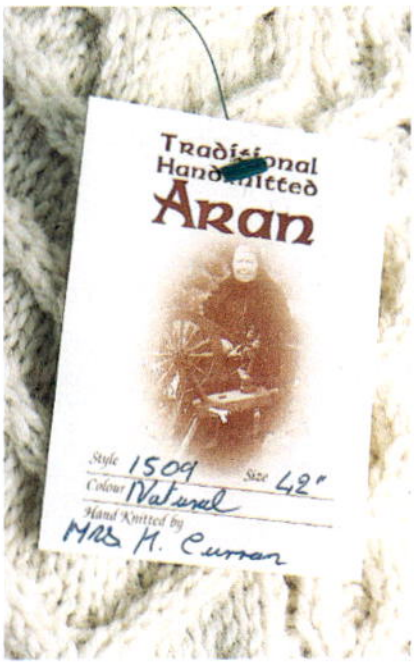

tartan, des chaussettes épaisses du Donegal, des plaids, des cardigans en cachemire et des casquettes en tweed (autour de 40 €) côtoient porcelaines et cristaux.

Design Yard Gallery

25 South Frederick Street (I7)
☎ 474 1011
www.designyard.ie
Mar.-mer. 10h-17h30, jeu. 10h-20h, ven. 10h-17h30, sam. 10h-18h.

L'artisanat irlandais contemporain a trouvé ici l'une de ses plus belles vitrines. On y découvre entre autres les sculptures en céramique d'Ayelet Lalor, les verres de Peter Layton, les merveilles d'orfèvrerie de Séamus Gill et les pièces en bois de David Comerford. Ne manquez pas de jeter un œil aux différentes collections de bijoux (à partir de 50 €) qui renferment des pièces exquises !

The Donegal Shop

St Stephen's Green Shopping Centre (I8)
☎ 475 4621
www.donegalshop.ie
Lun.-ven. 10h-19h (20h jeu.), sam. 10h-18h30, dim. 12h-18h.

The Donegal Shop est l'un des meilleurs endroits pour trouver les pulls d'Aran tricotés à la machine (à partir de 50 €). Pour les tricots main, les prix sont les mêmes qu'ailleurs. Tissus artisanaux du Donegal (les *kilcar tweeds*) ou tissages d'Eddy Doherty. On craque surtout pour les chapeaux tricotés d'un jeune styliste de Donegal Town, inventifs, chauds et vraiment élégants (à partir de 28 €).

The Constant Knitter

88 Francis Street (C4)
☎ 879 967 197
www.theconstantknitter.ie
Mar.-mer. 10h30-18h, jeu. 10h30-20h, ven.-sam. 10h30-18h, dim. 14h-17h.

C'est le paradis des aiguilles à tricoter et des pelotes de laine ! De loin, ça peut sonner un peu vieillot, mais avec Rosemary Murphy, un vent nouveau souffle sur le tricot. Son adorable boutique de Francis Street ne réunit pas seulement les meilleures laines du pays dont les fils du Donegal pour des pulls à grosses mailles. C'est aussi une explosion de matières (coton, lin, soie, bambou, alpaca, mohair) et de couleurs détonantes (pelote de 4 à 14 €). Sans oublier aiguilles, boutons et toute la littérature nécessaire sur le sujet.

Cristal et porcelaine : un art irlandais

En colonisant l'Irlande, les Anglais ont aussi apporté leur art de vivre et leur patrimoine. Vous pourrez ainsi rapporter de votre séjour des objets en porcelaine de Dresde ou de la verrerie. Voici d'ailleurs quelques conseils pour entretenir vos précieux souvenirs. Pour conserver l'éclat d'un objet en **cristal**, nettoyez-le régulièrement avec de l'alcool à 90°. Pour le laver, ajoutez à l'eau quelques gouttes d'ammoniaque et rincez à l'eau vinaigrée. Si la carafe (ou le vase) est entartrée, placez-y une pomme de terre coupée en dés, un peu d'eau et une petite poignée de gros sel. Secouez énergiquement. Autre solution : écrasez une coquille d'œuf cru, introduisez-la dans la carafe avec quelques gouttes de citron ou de vinaigre avant d'agiter vigoureusement. Rincez à l'eau vinaigrée.

Centres commerciaux et grands magasins

Depuis la fin du XIXe siècle, les Irlandais apprécient les *shopping centres* et les *department stores* (grands magasins) qui ont poussé comme des champignons à Dublin. Populaires ou luxueux, traditionnels ou modernes, gigantesques ou plus intimes, ces temples du shopping sont également de véritables lieux d'effervescence et de vie où les Dublinois se donnent rendez-vous pour discuter à l'heure du déjeuner.

Brown Thomas

88-95 Grafton Street (I8)
☎ 605 6666
www.brownthomas.com
Lun., mer. et ven. 9h30-20h, mar. 10h-20h, jeu. 9h30-21h, sam. 9h-20h, dim. 11h-19h.

Le plus luxueux mais également le plus cher des grands magasins de Dublin est une formidable vitrine pour les grands noms de la mode internationale, et il constitue le spot de la ville en matière de cosmétiques. Les meilleurs stylistes irlandais y sont représentés. Le troisième étage est essentiellement réservé aux designers et aux autres créateurs en vogue. Préférez les périodes de soldes pour y faire des affaires !

Arnotts

12 Henry Street (D3)
☎ 805 0400
www.arnotts.ie
Lun.-sam. 9h30-19h (21h jeu. et 20h ven.), dim. 11h-19h.

Arnotts est à la fois le plus ancien et le plus important grand magasin d'Irlande. Particulièrement riche en prêt-à-porter, cet immense espace n'oublie rien : lingerie, produits de beauté, bijouterie, accessoires de mode, bagagerie, mobilier, ustensiles de cuisine, linge de maison, cadeaux… dans une gamme de prix dans

l'ensemble plutôt raisonnable. Organisé autour d'un patio et coiffé d'une verrière, le magasin possède quatre restaurants et cafés, idéals pour faire une pause en pleine frénésie de shopping.

Stephen's Green Shopping Centre

St Stephen's Green West (I8)
☎ 478 0888
www.stephensgreen.com
Lun.-mer. 9h-19h,
jeu. 9h-21h, ven.-sam. 9h-19h,
dim. 11h-18h.

L'étonnante architecture de ce centre commercial rappelle les grands pavillons construits en Angleterre à l'époque victorienne. Une immense verrière abrite deux étages de boutiques de tous les styles, du dégriffé de luxe aux gadgets pour enfants en passant par le prêt-à-porter. Une cafétéria permet de faire une pause tout en dominant le parc voisin. Un lieu magnifique !

Dunnes Stores

• 62 Grafton Street (I8)
Lun.-mer. 9h-18h30, jeu. 9h-20h,
ven.-sam. 9h-19h, dim. 12h-18h
• 48-50 Henry Street (D3)
Lun.-sam. 8h30-19h (20h jeu),
dim. 12h-19h
www.dunnesstores.ie

Cette enseigne irlandaise très populaire a fait sa réputation sur l'extrême douceur de ses prix. En effet, il est possible de s'y habiller sans se ruiner avec des vêtements d'assez bonne qualité. Évidemment, il ne faut

pas s'attendre à être au top de la mode, mais avec un œil aiguisé et un sens de la combinaison, vous pourrez dénicher quelques articles sympathiques. Dunnes Stores propose aussi des fournitures pour la maison, du petit mobilier et des supermarchés disséminés en plusieurs endroits de la ville.

Debenhams

54-62 Henry Street (C3/D3)
☎ 1890 946 779
www.debenhams.ie
Lun., mar. et sam. 9h-19h,
mer.-ven. 9h-21h, dim. 11h-19h.

Pour les amateurs de grands magasins à l'ancienne, la visite du Debenhams d'Henry Street s'impose. D'autant plus que le célèbre *department store* anglais s'est offert un nouveau vaisseau amiral de toute beauté. Du grille-pain au vélo tout-terrain, Debenhams pourvoit à toutes vos envies avec une vraie garantie de qualité, mais on y vient surtout pour les créations exclusives de designers aussi talentueux que Jasper Conran, John Rocha ou Jeff Banks.

Marks & Spencer

15-20 Grafton Street (I7)
☎ 679 7855
www.marksandspencer.ie
Lun.-sam. 8h-20h (jeu. 21h),
dim. 10h-19h.

Si ce n'est pour le shopping, somme toute assez conventionnel, entrez surtout pour l'architecture intérieure très bien conservée. Celle-ci donne une idée des magasins anglais de l'époque victorienne. De vastes espaces, une grande clarté, un escalier large et majestueux enchantent les lieux. À l'origine, les locaux étaient occupés par Brown Thomas, qui a malheureusement cédé aux sirènes de la modernité et qui s'est installé en face.

Voir aussi…

• **Powerscourt Centre** (p. 26)
• **Westburry Mall** (p. 26)
• **CHQ Building** (p. 38).

Musique et livres

Impossible de quitter Dublin sans rapporter des livres et de la musique, qui sont les deux grandes passions des Irlandais quel que soit leur milieu social. Que vous souhaitiez lire Joyce dans le texte ou découvrir les jeunes écrivains contemporains, que vous achetiez un album des Chieftains ou une harpe celtique, prévoyez un peu de temps pour flâner chez les disquaires et les libraires, et observez la clientèle très éclectique qui les fréquente.

MUSIQUE

Freebird Records

15A Wicklow Street (I7)
☎ 707 9955
www.freebird.ie
Lun.-sam. 11h-18h30 (19h30 jeu.).

Un des meilleurs disquaires indépendants de Dublin qui résiste depuis 1978. Dans ce petit antre underground, il y en a pour tous les goûts, du funk au reggae, en passant par la house, le rock et le hip-hop. Les amateurs de country, de punk ou de métal trouveront leur bonheur dans la boutique de Wicklow Street. Il y a du neuf et du seconde main, mais on notera surtout la bonne sélection de vinyles pour DJ. Fouinez du côté des imports et des groupes locaux autoproduits, vous y ferez peut-être une trouvaille.

Claddagh Records

• 2 Cecilia Street (H7)
☎ 677 0262
• 5 Westmoreland Street (I6)
☎ 888 3600
www.claddaghrecords.com
Lun.-ven. 10h30-17h30, sam. 11h-18h, dim. 12h30-18h30 (uniquement en été).

Claddagh Records est l'empire de la musique traditionnelle irlandaise. C'est ici que vous en trouverez la plus large sélection depuis les enregistrements des années 1960 jusqu'aux sorties les plus récentes. Claddagh Records affiche aussi son amour pour la musique traditionnelle du monde entier. Folk-music, country, blues, ethnic-music, jazz et musique contemporaine se bousculent dans les bacs pour le plus grand plaisir des connaisseurs. Une adresse intime où l'on saura vous conseiller comme il se doit.

LIVRES

Chapters Bookstore

Ivy Exchange, angle Parnell Street et Moore Street (D2)
☎ 872 3297
www.chapters.ie
Lun.-sam. 9h30-18h30 (20h jeu.), dim. 12h-18h30.

Cette grande librairie indépendante est envahie par les piles de bouquins, notamment de beaux livres de photos sur l'Irlande ou Dublin. Si vous êtes anglophone, les dernières parutions en poche y sont souvent vendues moins cher qu'ailleurs (5,50 € au lieu de 11 €). La librairie propose aussi bien des livres neufs que des ouvrages d'occasion. Par conséquent, prenez le temps de chiner sur les tables pour trouver des livres originaux, sur toutes sortes de sujets, comme la calligraphie celte, un dictionnaire d'argot anglais ou les secrets du feng shui.

Easons

40 Lower O'Connell Street (D3)
☎ 858 3800
www.easons.com
Lun.-mer., sam. 8h-19h, jeu. 8h-21h, ven. 8h-20h, dim. 12h-18h.

Easons est une librairie-maison de la presse où vous pourrez trouver des beaux livres, des guides en plusieurs langues, des magazines et, à l'étage, un grand choix de cartes et de cadeaux très *British*. Peluches, bibelots pour toutes les occasions, de la Saint-Valentin à Halloween en passant par les anniversaires.

The Gutter Bookshop

Cow's Lane, Temple Bar (G7)
☎ 679 9206
www.gutterbookshop.com
Lun.-sam. 10h-18h30 (19h jeu.), dim. 11h-18h.

Voilà une librairie de quartier comme Dublin en compte peu : intime, chaleureuse, moderne et surtout très bien approvisionnée. Pour son nom – « la librairie du caniveau » – il faut chercher la référence du côté d'Oscar Wilde, une fois de plus. Pas de doute qu'avec sa sélection exigeante d'essais, de romans et même de livres pour enfants, le libraire, Bob Johnston, élève notre regard. De nombreux événements sont régulièrement organisés, et si vous souhaitez rencontrer des auteurs, Bob invite de nombreux écrivains à venir parler de leur dernier livre devant un public de curieux et de passionnés.

Books Upstairs

17 D'Olier Street (I6)
☎ 677 8566
www.booksirish.com
Lun.-ven. 10h-19h, sam. 10h-18h, dim. 14h-18h.

Proche de Trinity College, il s'agit sûrement de l'une des meilleures librairies de Dublin. Les étudiants qui s'y fournissent régulièrement en ouvrages savants ne diront pas le contraire. Les autres grimperont sur son perron pour ses livres d'occasion en particulier sur l'histoire et la culture irlandaise. Une jolie librairie à l'ancienne avec mezzanine, parquets grinçants et odeur de poussière. La librairie Books Upstairs vient également d'ouvrir un café à l'intérieur de la librairie où des soirées littéraires sont organisées.

Sub-City

62 Dame Street (H7)
☎ 677 1902
www.subcitycomics.ie
Lun.-mar., sam. 9h30-19h, mer.-ven. 9h30-20h, dim. 12h-19h.

Sub-City est le meilleur repaire de la ville pour les fans de *comics*, de bandes dessinées et de romans graphiques. Spiderman, Thor, Hulk, Ironman ou Daredevil, tous les gros bras de Marvel sont là. Sub-City stocke aussi les légendes locales : *The League of Volunteers*, la saga de Robert Curley sur l'Irlande pendant la Seconde Guerre mondiale ou la légende de Cú Chulainn – *Celtic Warrior* – de Will Sliney (14 €).

Avis aux collectionneurs

Les collectionneurs à la recherche de livres anciens ou rares en anglais ou en gaélique trouveront leur bonheur à **Ulysses Rare Books.** De plus, si vous avez besoin d'un coup de main pour retrouver la trace d'une édition oubliée, on vous aidera gracieusement.

10 Duke Street (I7) – ☎ 671 8676
www.rarebooks.ie – Lun.-sam. 9h30-17h45, dim. 12h-17h.

Petits cadeaux et souvenirs

Comme dans toutes les grandes villes, le commerce de souvenirs est particulièrement prospère à Dublin. Les principales enseignes possèdent d'ailleurs plusieurs adresses disséminées dans les différents quartiers. Bien sûr, la plupart des articles proposés ne sont pas fabriqués en Irlande, mais importés d'Asie à bas prix. Ne vous laissez pas décourager par le kitsch ambiant et fouinez pour trouver ici et là un souvenir amusant et pas cher.

Carrolls

57 O'Connell Street Upper (D3)
☎ 873 5709
www.carrolls.ie
T. l. j. 9h-21h.

Temple du kitsch à l'irlandaise, immenses alignements d'objets de bazar à prendre au second degré pour un cadeau ou un souvenir humoristique. Préparez-vous à trouver de tout, casquettes de base-ball aux couleurs du drapeau national, trèfles à quatre feuilles à toutes les sauces (porte-monnaie à 4,99 €), emblèmes de la Guinness ou du whiskey plaqués sur les chemises, les tee-shirts et les verres... Au milieu de tout cela, quelques gadgets intéressants : services de verres à bière, kits pour préparer l'*irish coffee,* magnets, recueils de chansons à boire...

Irish Celtic Craftshop

10-12 Lord Edward Street (G7)
☎ 679 9912
T. l. j. 9h30-18h (19h avr.-oct.).

À deux pas de Christ Church Cathedral se trouve une autre adresse phare pour les fondus de souvenirs traditionnels. Autant vous prévenir : le panel d'objets est plus qu'éclectique. On y trouve bien sûr de nombreux produits dérivés Guinness, des *bodhráns,* des *leprechauns,* des poupées irlandaises, de la bijouterie celtique sans oublier la fameuse bague de Claddagh, symbole d'amour, d'amitié et de loyauté.

Pour 2,50 €, faites confiance au bon goût de Dame Nature et rapportez de quoi faire pousser du trèfle à la maison.

Guinness Storehouse

St James's Gate (B3-4)
☎ 408 4800
www.guinness-storehouse.com
T. l. j. 9h30-17h (19h en juil.-août).

La célèbre brune dublinoise, omniprésente dans la capitale, a sa boutique officielle. On y trouve tee-shirts, polos brodés à l'effigie de la bière, casquettes, pulls et autres gadgets, comme des cravates décorées de rangées de pintes (10 €) !

National Gallery of Archeology – Museum Shop

Kildare Street (D4)
☎ 677 7444
www.museum.ie
Mar.-sam. 10h-17h, dim. 14h-17h.

C'est dans le bel écrin de la rotonde du musée que cette boutique propose des bijoux et des souvenirs inspirés des collections. Vous ne repartirez pas avec la broche de Tara (voir p. 52), mais les créations de Breda Haugh – des torques, des disques solaires – ne sont pas mal non plus. Dans un autre registre, on aime les torchons en lin de Charles Gallen (7,50 €), les posters vintage d'Aer Lingus, les jeux de société sur l'histoire et la culture irlandaises ou encore les céramiques colorées de Meab (à partir de 38 € la coupelle).

Irish Design Shop

41 Drury Street (H7)
☎ 679 8871
www.irishdesignshop.com
Lun.-sam. 10h-18h (19h jeu.), dim. 13h-17h.

Cette boutique de la très contemporaine Royal Hibernian Academy regorge d'objets, conçus par de talentueux artistes irlandais, qui sont autant de cadeaux faciles à glisser dans sa valise. Il y a les céramiques poétiques d'Andrew Ludick et leurs motifs naïfs, les porcelaines d'Adam Frew, les bols en bois brut de Roy Humphreys (18 €) et les

plaids en laine de Cushendale (58-110 €). Vous trouverez également une sélection de bijoux réalisés à la main.

Rua Dublin

55 Capel Street (C3)
☎ 874 8051
www.ruaboutique.ie
Lun.-sam. 10h30-18h (19h jeu.).

Vous aimeriez quelque chose de girly ? Rua l'a fait ! Cette nouvelle boutique de la rive gauche recèle des trésors féminins à petits prix, des bijoux originaux, des pochettes à maquillage, des sacs fleuris (env. 35 €), des miroirs à l'ancienne… Plein de petites trouvailles inattendues. Nos coups de cœur ? Les gloss aromatisés à la menthe, à la noix de coco, à la myrtille ou à la fraise, contenus dans un tube en forme de hibou (Owl Lip Gloss par Kikkerland, 3,95 €). Mignons et pratiques !

Le kitsch irlandais

Voici, parmi les souvenirs et les gadgets qui envahissent les boutiques, les objets et personnages liés à la mythologie celte ou à de vieilles coutumes irlandaises. Le ***shamrock*** (trèfle) est un symbole national et un emblème que vous verrez partout, sur les maillots des sportifs, sur les avions… La **harpe**, elle, est l'emblème national officiel : on la retrouve sur les pièces de monnaie, les bouteilles de Guinness… et elle évoque le roi Brian Boru, vaillant joueur de harpe et vainqueur des Vikings à la bataille de Clontarf en 1014. Le ***leprechaun*** (on prononce « lépricône ») fait partie du petit peuple surnaturel des légendes ; laid et malicieux, il est représenté sur un arc-en-ciel avec un chapeau vert et un pot rempli d'or. Quant à la **croix de sainte Brigid**, de roseaux tressés, elle protège les animaux ainsi que le bétail, et est devenue l'emblème de la télévision nationale, la RTE.

Saveurs et gourmandises

Si l'Irlande n'est pas le paradis des fins gourmets, il y est toutefois possible de se faire des plaisirs gourmands et de goûter les produits du terroir, riches et authentiques. Misez aussi sur les biscuits, bonbons, thés et condiments. De plus en plus d'épiceries fines, de fromageries et de boulangeries ouvrent leurs portes à une clientèle devenue très internationale. L'époque est loin où les seules denrées connues étaient mouton, porc, chou et pomme de terre.

The Old Jameson Distillery

Bow Street (C3)
☎ 807 2355
www.jamesonwhiskey.com
T. l. j. 9h-18h30.

Même si vous ne souhaitez pas visiter la distillerie, la boutique propose des douceurs à base de whiskey irlandais. Si vous voulez rapporter une bouteille, sachez que l'alcool est hors de prix en Irlande (47-65 € pour une bouteille de Powers, 47 € pour un Jameson Reserve). Rabattez-vous plutôt sur les barres de chocolat au whiskey (2 €).

Celtic Whiskey Shop

27-28 Dawson Street (I8)
☎ 675 9744
www.celticwhiskey shop.com
Lun.-sam. 10h30-20h (21h jeu.), dim. 12h30-19h.

Single malt, blend, single grain... Bienvenue dans le monde ésotérique du whiskey. Pas d'inquiétude, ici, on affranchit le profane sans trop de condescendance ! Et sans patriotisme mal placé car, en ce lieu, les whiskeys sont certes irlandais, mais aussi écossais, américains, canadiens et même japonais. Comptez 44,99 € pour un Bushmills de dix ans d'âge, 129,99 € pour un Jameson de vingt ans ou 42,99 € pour un Locke's huit ans d'âge, mais attention, les prix grimpent jusqu'à 1 000 € la bouteille pour certaines raretés.

Magills

14 Clarendon Street (H7/I7)
☎ 671 3830
Mar.-sam. 10h-17h30.

Sa façade chocolat aurait bien besoin d'un coup de peinture, mais le trésor de cette épicerie

fine, fondée en 1920, est à l'intérieur : saucisses sèches, saucissons, jambons, pancetta et salami. Le meilleur de la charcuterie fine italienne s'affine lentement dans l'obscurité de cette minuscule échoppe dublinoise ! Autres délices, une très belle sélection d'épices, des olives, des *antipasti* et surtout, du saumon sauvage fumé d'Irlande.

Fallon & Byrne

11-17 Exchequer Street (H7)
☎ 472 1010
www.fallonandbyrne.com
Lun.-ven. 8h-21h, sam. 9h-21h, dim. 11h-19h.

Un vrai coup de cœur pour cette épicerie fine où les Dublinois en quête de produits de grande qualité s'approvisionnent. Les fruits et légumes sont bio, en général issus de producteurs locaux. On y trouve le meilleur du bœuf irlandais, réputé pour sa tendreté. Côté poisson : du saumon bio de Clare, des huîtres de Carlingford Lough, des moules de la baie de Dublin, achetés tous les matins sur le port. Et un impressionnant rayon de charcuterie italienne et de fromages irlandais que l'on peut déguster aussi en sandwich au bar de l'épicerie.

Sheridans Cheesemongers

11 South Anne Street (I8)
☎ 679 3143
www.sheridanscheesemongers.com
Lun.-sam. 10h-18h, jeu. 10h30-18h30, dim. 12h-18h.

Adresse renommée pour les fromages du terroir irlandais, cette petite boutique vend aussi des condiments et des sauces aigres-douces, servis traditionnellement avec le fromage, ainsi que du saumon sauvage fumé artisanalement dans les règles de l'art, que l'on vous propose d'expédier chez vous (12,90-120 €).

Cocoa Atelier

30 Drury Street (H7)
☎ 675 3616
www.cocoaatelier.ie
Lun.-sam. 10h30-18h (19h jeu.), dim. 12h-18h.

Cocorico ! Cocoa Atelier est la création d'un Français, Marc Amand. Il est, sans la moindre hésitation, le meilleur chocolatier de Dublin. Laissez vos bonnes résolutions à la porte et fondez sur les ganaches ou sur les pralinés à la pomme et au caramel, au nougat, à l'orange confite ou au piment (10 € la boîte de 9), sur les pyramides de macarons vraiment frais (7 € les 4), les mendiants croquants, les éclairs au chocolat… Tout est divin.

Avoca Food Hall

11-13 Suffolk Street (au sous-sol, I7)
☎ 677 4215
www.avoca.ie
Lun.-mer., sam. 9h30-18h, jeu.-ven. 9h30-19h, dim. 11h-18h.

Le sous-sol de ce grand magasin accueille une épicerie particulièrement bien fournie, avec des sauces à ne plus savoir où donner de la tête, du chocolat irlandais, des confitures, des mini-portions de légumes secs, du thé, du café et toute une littérature culinaire pour vous chuchoter de bonnes idées de cordon-bleu.

Marché gourmand

Tous les samedis matin (10h-16h30) se tient le petit marché de **Meeting House Square**, dans Temple Bar (H7), auquel participent les meilleurs artisans. On y trouve des *fudges* artisanaux au whiskey ou des chocolats très fins faits à la main, ainsi que de délicieuses tartes et autres cakes et biscuits comme ceux des grand-mères.

Vintage et second hand

Faire les soldes et les boutiques bon marché est presque un sport national en Irlande. Vous verrez partout nombre de *discount stores, bargain shops, pound shops,* équivalents de nos solderies, ainsi que des magasins d'associations caritatives qui font office de fripiers. La plupart ne proposent rien d'intéressant, mais certaines adresses qui ne payent pas de mine recèlent pourtant quelques bonnes affaires.

Enable Ireland

- 8 South Great George's Street (H7)
- 25 Capel Street (G6)
- 69 Thomas Street (C3)
- 28 Camden Street Lower (C4)

☎ 873 3867
www.enableireland.ie
Lun.-sam. 9h30-17h30.

Plus ou moins bien fournies selon les jours, ces friperies vendent des vêtements en bon état, fruits de collectes. Il y en a de tous les genres, certains vraiment démodés, mais de réelles bonnes affaires sont à saisir. On peut y dénicher des chemisiers à 2 € et des manteaux d'hiver dès 8 €.

The Harlequin

13 Castle Market (H7)
☎ 671 0202
www.theharlequin.ie
Lun.-sam. 11h-18h (19h jeu.).

Une boutique de vêtements d'occasion bien fournie en vestes et manteaux de cuir. Les rayons comptent à peu près toutes les couleurs de l'arc-en-ciel et toutes les coupes, homme et femme. On trouve des vestes en cuir à partir de 50 €. Notez aussi la sélection de vestes en tweed à peine fatiguées à des prix nettement plus abordables que le neuf (env. 70 €).

Lucy's Lounge

11 Fownes Street (H7)
☎ 677 4779
www.lucysloungevintage.com
T. l. j. 12h-18h.

Voilà plus de 25 ans que Lucy déniche des vêtements d'occasion pour celles qui n'ont jamais « rien à se mettre » et jamais un sou en poche. Sacs, chapeaux, chaussures, robes et accessoires en tout genre, à rayures, fleurs ou pois, c'est une mode très colorée, plutôt hippie-ethnique, pour des looks patchwork-grunge très en vogue à Londres ou Dublin. Ne manquez pas non plus la sélection de jeunes créateurs irlandais encore méconnus du public mais, pour la plupart, très prometteurs.

Jenny Vander

50 Drury Street (H7)
☎ 677 0406
Lun.-sam. 10h30-17h20.

Tout aussi connue pour ses vêtements d'occasion, Jenny Vander stocke une large variété de modèles très colorés et extravagants, principalement des années 1950 et 1960, mais aussi de l'époque victorienne. Si vous aimez les looks décalés, certaines robes du soir à nœuds et à paillettes sont complètement délirantes. Toques ou bibis de fourrure, chemisiers modestes en dentelle, chaussures à talons aiguilles, petits sacs de dame, et surtout une incroyable collection de bijoux fantaisie énormes et rutilants, y compris des diadèmes (boucles d'oreilles à partir de 40 €) ! Non loin d'ici, la petite galerie de George's Street Arcade est une sorte de marché aux puces.

TK Maxx

St Stephen's Green Shopping Centre (au 1er étage, I8)
☎ 475 7080
www. tkmaxx.ie
Lun.-sam. 9h-19h (21h jeu.), dim. 11h-19h.

TK Maxx propose des articles neufs de marques pour tous les styles dans des collections des années précédentes : homme, femme et enfant, lingerie, maroquinerie, et quelques affaires en or. Les marques couramment représentées, selon les arrivages, sont Calvin Klein, DKNY, Jean-Paul Gaultier, Dockers, Liberto, Joseph... Des réductions de 20 à 60 % sur les articles. Une seule condition : prévoir du temps pour chiner et essayer.

Retro

George's Street Arcade
22 South Great George's Street (H7)
☎ 633 7891
www.georgesstreetarcade.com
Lun.-sam. 10h-18h (18h30 jeu. en été), dim. 12h-18h.

Les grands classiques du vintage sont à l'honneur dans cette boutique où l'on a peine à se faire une place entre les portants qui débordent de vêtements plus délirants les uns que les autres. C'est l'adresse pour se concocter un total look néopunk (Tripp) à base de corset écossais, de jupe *fifties* et de collants panthère. Robes de 60 à 160 €, tee-shirts env. 25 €. Pour bébés rockers : tee-shirts (15 €) et bavoirs (10 €) à l'effigie de Bowie, AC/DC ou Blondie. La boutique est généralement bondée.

Laine et tweed

Quand on pense à l'Irlande, on sent presque sous les doigts la rugosité des tissus, la chaleur rêche de la laine et les couleurs passées et sourdes que les artisans empruntent à la lande. La laine d'Irlande se métamorphose en moelleux pull-over ou en veste solide. Elle évoque les tricoteuses patientes et les tisserands du Nord.

La matière du terroir

Depuis l'âge du bronze, les habitants de l'île savent filer la laine et en faire des tissus qui constitueront, au Moyen Âge, l'une des premières exportations. Feutrée, tissée, tricotée, la laine sert à s'isoler du froid et de la pluie. Huilée avec de la graisse de mouton, elle devient imperméable et résiste aux intempéries.

Le tweed du Donegal

Chaque partie de l'île fabriquait, dans ses ateliers, un tweed bien particulier dont le plus célèbre est celui du Donegal. Le village d'Ardara concentre le plus de tisserands. Il était, autrefois, le siège d'une importante foire où les négociants venaient de très loin. Le savoir-faire avait été importé d'Écosse et d'Angleterre par une riche Anglaise qui voulait ainsi développer la région. Plus au sud, à Foxford, dans le comté de Mayo, outre les tweeds, on produit des plaids. Réputé pour son imperméabilité et sa résistance, le tweed est aussi apprécié pour ses couleurs chatoyantes.

Aux couleurs de la nature

Les moutons sont tondus en été. La laine est alors lavée puis teinte à l'aide de colorants naturels obtenus à partir des plantes de la région. Ainsi, le lichen du granit donne un beau rouge sombre, tandis que la suie de tourbe produit un brun-jaune. Pour un jaune plus vif, il faut de la bruyère ; et pour le marron, des racines de mûrier. L'épine noire, l'iris et l'ajonc sont également utilisés. La teinture est fixée grâce à du tannin de chêne qui remplace l'ammoniaque dérivée de l'urine employée autrefois. Chaque artisan a ses propres secrets et mélanges pour créer ses couleurs. Sachez toutefois que l'emploi de colorants chimiques est de plus en plus répandu. Une fois teinte, la laine est filée et mise en grosses bobines que l'on utilise sur les métiers

à tisser. Les types de tweeds obtenus varient selon le mode de tissage. Dans le Donegal, on trouve trois grandes familles de tweed : les chevrons ton sur ton, les chinés relevés de petits éclats de couleur et les écossais fondus reprenant des motifs séculaires.

Des tricots pour les marins

Ce sont les îles d'Aran qui ont rendu célèbres les tricots irlandais aux points compliqués. Devenus presque un emblème national, ils se tricotent ailleurs, aussi bien dans le nord que dans l'ouest. Il s'agit à l'origine de pull-overs destinés aux marins. Les différents points de tricot ont une symbolique précise. Le nid-d'abeilles est un signe positif, faisant référence à la nature industrieuse de l'insecte, toujours admiré pour son travail. D'autres prétendent que voir un essaim d'abeilles avant d'embarquer garantit une bonne pêche. Les points en diamant (losanges) symbolisent la richesse et le succès. Les torsades garantissent la chance et la sécurité en mer. Le motif de vannerie représente le panier du pêcheur plein de poissons. Le double zigzag figure les méandres, les hauts et les bas du mariage. L'arbre de vie avec ses ramifications symbolise la force des fils et l'unité familiale.

La marque de famille

Conjugués à l'infini, ces motifs racontent une histoire. Sur les îles d'Aran, chaque famille avait sa propre combinaison qui l'identifiait à coup sûr. Les femmes se la transmettaient de génération en génération. Cela permettait de reconnaître les corps de marins noyés lorsque le séjour dans l'eau de mer les rendait méconnaissables.

Modèle unique

Vous avez un coup de foudre pour un motif de pull d'Aran, mais vous le voulez dans une autre taille ou dans une autre couleur ? S'il est tricoté main, ne vous faites pas trop d'illusions, chaque modèle est en principe différent, soit par la déclinaison des motifs, soit par la couleur, soit par la forme du col. C'est ce qui en fait le charme, et vous avez alors la garantie de posséder un article totalement unique.

Voir nos meilleures adresses p. 94.

Du côté des designers

Longtemps comparée à sa créative voisine, Londres, et victime de l'image d'une île rurale sans raffinement, Dublin avait la réputation d'une capitale démodée. Mais avec Philip Treacy, John Rocha ou Orla Kiely, la mode irlandaise a ses créateurs stars… et les exporte très bien au-delà de ses frontières.

Costelloe, l'initiateur

Avec Paul Costelloe, un compromis est trouvé entre vêtements traditionnels confortables et look plus international. Il opte pour la sobriété, écarte frous-frous et vêtements fleuris pour mettre en avant un style chic, classique et indémodable. C'est en 1979, de retour de New York et après un passage à Paris et Milan, qu'il crée sa propre marque : Paul Costelloe Collections. Le succès est immédiat. Il utilise le lin traditionnel et les tweeds classiques pour leur donner des formes structurées et des lignes épurées. Aujourd'hui, le vétéran de la mode irlandaise a toujours le vent en poupe et présente chaque années ses collections à la Fashion Week de Londres.

La saga des Rocha

Dans la famille Rocha, il y a le père John, véritable symbole au début des années 1990 du renouveau de la mode irlandaise. Et il y a la fille, Simone, habituée des *catwalks* les plus prestigieux. Les deux

ont leur showroom à Londres, business oblige, mais leur cœur, quant à lui, est bien irlandais ! **John Rocha** s'est fait remarquer pour ses vêtements aux coupes dépouillées, influencés par ses origines asiatiques. Ses ensembles fluides, savamment déstructurés, élancent la silhouette féminine. Simone cultive aussi le goût de son père pour la fluidité, les lignes très épurées, mais le style est résolument moderne et empreint d'un certain romantisme.

Les chapeaux fous de Philip Treacy

Dans ce pays de *race goers* – amateurs de courses hippiques – le chapeau est un indispensable des garde-robes irlandaises. Ceux de **Philip Treacy**, parmi les plus

célèbres modistes du monde, sont de véritables œuvres d'art souvent démesurées et fantastiques. Les plus grands couturiers font appel à son talent, de Karl Lagarfeld pour Chanel à Alexander McQueen à l'époque de son travail pour Givenchy. Il coiffe les têtes célèbres du monde du show-biz, de Oprah Winfrey à Lady Gaga (connue pour ses extravagances en termes de couvre-chef).

À Dublin, on trouve ses modèles chez **Brown Thomas** (voir p. 96) et au **Design Centre** (voir p. 80).

Orla Kiely

La « reine des imprimés » est une autre créatrice incontournable ; la République d'Irlande reconnaissante a même créé un timbre portant son nom. Il reprend également les feuilles stylisées et colorées qui ont fait son succès. Ligne de prêt-à-porter, sacs, accessoires, mobilier, vaisselle, papeterie… **Orla Kiely** est une touche-à-tout de talent. Ses imprimés fleuris habillent même les bus londoniens et l'intérieur de la Citroën DS3 ! À Dublin, vous pouvez retrouver toutes ses collections au **Kilkenny Centre** (voir p. 23).

Le vivier dublinois

Londres a Central Saint Martins et Dublin, le célèbre **National College of Art and Design.** Philip Treacy, Orla Kiely ou Simone Rocha sont les plus célèbres, les autres créent aujourd'hui pour Armani, Vivienne Westwood ou Valentino. La **Grafton School Academy** est aussi incontournable, Louise Kennedy et Paul Costelloe se sont assis sur ses bancs. Pour découvrir les talents qui montent, rendez-vous au **Design Centre du Powerscourt Centre** (p. 26 et 80) : il y a les créations glamour et luxueuses d'Umit Kutluk, les collections romantiques de Roísín Linnane et la mode élégante, rétro et pleine d'humour de Caroline Kilkenny.

Louise Kennedy

La styliste irlandaise Louise Kennedy s'est installée à Merrion Square dans une demeure géorgienne pour présenter ses collections empreintes d'une élégance sauvage. Elle a aussi créé une superbe ligne « mariage », et présente une collection d'artisanat haut de gamme, du vase de cristal au service en porcelaine. Une fois franchie le lourde porte noire, six paisibles bouddhas de terre cuite éclairés à la bougie donnent un avant-goût de la magie de ce showroom, à découvrir absolument.

56 Merrion Square South (D4) – ☎ 662 0056
www.louisekennedy.com
Lun.-ven. 9h-18h, sam. 10h-17h.

Sortir
mode d'emploi

Où sortir ?

En soirée, **Temple Bar** est le quartier le plus animé de la ville – trop, disent les « vrais » Dublinois – avec sa myriade de restaurants, de pubs et de night-clubs, atmosphère festive garantie ! Le **SoDa** – South of Dame Street – est plus sophistiqué. Entre **South Great George's Street** et **St Stephen's Green**, il regorge de pubs et surtout de *late bars* branchés courus par une clientèle jeune et aisée.

Soirée au pub

Si vous avez envie de **vivre à la dublinoise**, optez pour les soirées au pub. C'est une institution sociale, l'endroit où les amis se retrouvent et s'invitent les uns les autres. On y vient pour boire et discuter, mais aussi pour **écouter de la musique**. La plupart des programmes musicaux débutent vers 21h, mais vous devrez souvent patienter jusqu'à 22h env. En soirée, on fait parfois payer un droit d'entrée modeste (5-10 €, gratuit avant 21h). Le service s'arrête autour de 23h la semaine ; le week-end, de nombreux pubs sont ouverts jusqu'à 2h.

Réserver un spectacle

Le **théâtre** à Dublin est toujours populaire et créatif, les Irlandais se targuant d'appartenir à une nation littéraire. Vous pouvez **réserver vos places** directement aux guichets des théâtres ou auprès des centrales de réservation. Le ballet, l'opéra et la musique classique font rarement salle comble, vous trouverez des **billets à prix abordables** même à la dernière minute. Les **concerts** de rock, pop et ceux des stars de la musique traditionnelle, sont en revanche complets longtemps à l'avance.

Pour vos réservations : Ticketmaster
• depuis la France : ☎ 00 353 1 456 9569 (en français) ;
• depuis l'Irlande : ☎ 0818 719 300
www.ticketmaster.ie ou www.worldticketshop.com

Pour vous informer

Pour connaître le **programme** des concerts, les spectacles et les événements de la nuit dublinoise, consultez le magazine ***Totally Dublin*** (www.totallydublin.ie) et en ligne, les sites www.hotpress.com, www.dublineventguide.com et www.visitdublin.com

SE REPÉRER

Nous avons indiqué pour chaque adresse Sortir sa localisation sur le plan général (B2, G8…). Pour un repérage plus facile en préparant votre week-end ou lors de vos balades, nous avons signalé sur le plan par un symbole violet toutes les adresses de ce chapitre. Le numéro en violet signale la page où elles sont décrites.

Notre Top des pubs

Les pubs font partie du patrimoine irlandais et vous verrez que les rues de Dublin regorgent d'adresses sympa. Nous avons sélectionné, pour vous, les meilleurs établissements !

- **The Stag's Head**
  St Stephen's Green – *Voir p. 27.*
- **Ryan's**
  De Oxmantown à Phoenix Park – *Voir p. 37.*
- **The Long Hall**
  St Stephen's Green – *Voir p. 113.*
- **O'Donoghue's**
  De Merrion Square à Grand Canal – *Voir p. 113.*
- **John Kehoe's**
  St Stephen's Green – *Voir p. 113.*

Notre Top des bars à vins et à cocktails

Les Dublinois aiment sortir… Les bars à vins et à cocktails offrent un cadre très agréable pour ces folles soirées !

- **Olesya's Wine Bar**
  St Stephen's Green – *Voir p. 69.*
- **Dakota**
  St Stephen's Green – *Voir p. 114.*
- **Fallon & Byrne Wine Cellar**
  St Stephen's Green – *Voir p. 115.*
- **Bagots Hutton**
  St Stephen's Green – *Voir p. 115.*
- **Fade Street Social Bar**
  St Stephen's Green – *Voir p. 115.*

Mais aussi… le traditionnel *pub crawl*

Les pubs sont, sans aucun doute, les endroits les plus caractéristiques du patrimoine dublinois… et ils sont nombreux. Traduit littéralement par « se traîner de pub en pub », le ***pub crawl*** est un véritable sport national. Généralement, on prévoit son itinéraire dans un ou plusieurs quartiers, et on évite de boire au point d'en perdre le sens de l'orientation. Ceux qui cherchent des prétextes plus intellos peuvent organiser leur parcours en fonction des pubs littéraires, et d'autres des pubs musicaux ou encore ceux avec les plus beaux décors.

Âge légal

Sachez que les jeunes de moins de 21 ans – l'âge de la majorité en Irlande – peuvent se voir refuser l'entrée d'un pub après 21h.

1 - *The Temple Bar*
2 - *O'Donoghue's*
3 - *The Duke*

Pubs traditionnels

O'Connell Street
Visite 1 – p. 10

Madigan's

25 North Earl Street (D3)
☎ 874 0646
Lun.-ven. 10h30-23h30, sam.12h30-0h30, dim. 12h-23h
Pinte de Guiness à 5 €.

Un des pubs dublinois, tout en longueur, dans un **beau cadre traditionnel de boiseries** et de miroirs. Idéal pour bavarder tranquillement. Les gens du quartier s'y retrouvent. Musique *live* tous les soirs du vendredi au samedi. Un **pub sans chichis** dans lequel vous serez certain de passer un bon moment… et de partager quelques pintes avec des Dublinois.

Dublin Castle
Visite 3 – p. 16

O'Shea's Merchant

12 Lower Bridge Street (C3)
☎ 679 3797
www.themerchanttemplebar.com
Lun.-jeu., dim. 8h-minuit, ven.-sam. 8h-2h
Bière à 4,50 €.

Dans un genre complètement différent et peut-être encore plus authentique, O'Shea's est le **rendez-vous des fans de *set dancing*,** la danse traditionnelle irlandaise qui compte un grand nombre de figures en couple ou en groupe (lun.-mar. à partir de 20h). Les provinciaux exilés à Dublin affectionnent particulièrement l'endroit et garantissent une **atmosphère gaie et bon enfant** comme dans les pubs de campagne. Même novice, vous serez rapidement entraîné dans la danse. On peut y dîner avant la séance.

Temple Bar
Visite 4 – p. 18

The Temple Bar

47-48 Temple Bar (H6)
☎ 672 5286
www.thetemplebarpub.com
Lun.-sam. 10h30-2h30, dim. 12h-1h.

Il est **l'un des pubs les plus fréquentés de la capitale**, envahi à toute heure par une clientèle bigarrée, un mélange comme seul Dublin sait en faire, composé de *fashion victims*, de provocateurs et de vieux Dublinois. Tout ce monde déborde sur la rue aux beaux jours et squatte les trottoirs. Le pub a **la plus belle carte de whiskeys** imaginable (plus de 200) et, à l'arrière, se trouve un *beer garden*, sorte de petite cour prise d'assaut par les fumeurs.

The Auld Dubliner

17 Anglesea Street (H6)
☎ 677 0527

www.thesmithgroup.ie
Lun.-mar. 10h-0h30, mer.-sam. 10h-2h30, dim. 12h30-0h30
Pinte de Guiness à 6 €.

C'est ici que l'on prend l'apéritif si l'on ne craint pas la **foule toujours dense et animée.** Décor sympathique, possibilité de déjeuner (*pub food* bon marché). Concerts de musique traditionnelle tous les soirs, et le week-end (12h30-14h et en soirée). Évidemment très touristique.

Voir aussi ***Oliver St John Gogarty*** *(p. 19) et* ***The Porter House*** *(p. 21).*

St Stephen's Green
Visite 6 – p. 24

J.J. Smyths

12 Aungier Street (H8)
☎ 475 2565
www.jjsmyths.com
Lun.-jeu. 10h30-23h30, ven.-sam. 10h30-0h30, dim. 12h30-23h.

Le lieu de rendez-vous des **amateurs de jazz et de blues,** fréquenté depuis des années par les mêmes fidèles. Les passionnés d'histoire noteront que le pub occupe la maison natale du poète Thomas Moore. Les concerts, de bonne qualité, avec des artistes qui reviennent très régulièrement, commencent vers 21h (22h le sam. et 17h le dim.), pour un tarif de 8 à 12 €.

The Duke

9 Duke Street (I7)
☎ 679 9553
www.thedukedublin.com
Lun.-jeu. 10h30-23h30, ven.-sam. 10h30-0h30, dim. 12h-23h
Guiness à partir de 5,10 €.

Parmi les **pubs littéraires,** celui-ci est assez classique, néanmoins agréable : murs ornés de dessins, salles et recoins multiples où retrouver ses amis, décor fidèle à la tradition. Le lieu est bondé dès la fin de l'après-midi et les conversations y vont bon train entre universitaires, hommes d'affaires, journalistes…

The Long Hall

51 South Great George's Street (H8)
☎ 475 1590
Lun.-mer. 16h-23h30, jeu. 12h30-23h30, ven.-sam. 12h30-0h30, dim. 15h-23h
Pinte de Guiness à 5 €.

Un de ces pubs magiques où le temps semble s'arrêter sous les lustres, les miroirs et les boiseries. Une longue salle aux banquettes confortables, dans la douce lumière des vitraux et un silence feutré propre à la détente au milieu d'une séance shopping. Rien ne semble avoir changé ici depuis le jour de l'ouverture, en 1880…

John Kehoe's

9 South Anne Street (I8)
☎ 677 8312
www.louisfitzgerald.com
Lun.-jeu. 10h30-23h30, ven.-sam. 10h30-0h30, dim. 12h30-23h
Pinte de Guiness à 5 €.

Dans la ronde des **pubs,** celui-ci est l'un de nos préférés, avec son **plancher d'origine et ses petits compartiments intimes, séparés par des cloisons de bois,** agréables pour bavarder entre amis, et avoir d'interminables conversations philosophiques qui font le piment de la capitale. Il devient surpeuplé dès la fin de l'après-midi.

Voir aussi ***Stag's Head*** *(p. 27).*

De Merrion Square à Grand Canal
Visite 7 – p. 28

O'Donoghue's

15 Merrion Row (D4)
☎ 660 7194
www.odonoghues.ie
Lun.-jeu. 10h-minuit, ven.-sam. 10h30-1h, dim. 12h-23h30
Pinte de Guiness à 5 €.

Voici **l'un des plus célèbres pubs traditionnels** de la ville, et pour cause : les *Dubliners,* qui ont remis le folk à la mode dans les années 1960, y ont fait leurs débuts. On y joue de la **musique** du lundi au vendredi à partir de 21h (17h le samedi, et toute la journée le dimanche) ; soyez prêt pour la joyeuse bousculade, car il est toujours bondé. Les Dublinois le fréquentent encore, néanmoins les touristes y sont aussi de plus en plus nombreux. L'ambiance est chaleureuse et enthousiaste, et on ne s'en lasse jamais.

Doheny & Nesbitt's

4-5 Lower Baggot Street (D4)
www.dohenyandnesbitts.com
☎ 676 2945
Lun.-jeu. 9h-0h30, ven.-sam. 10h-2h, dim. 10h-minuit
Pinte de Guiness à 5 €.

Antre des hommes de loi et des politiques, ce **vieux pub** a conservé son **architecture victorienne,** ses cloisons en bois et son bar en acajou. Les clients réguliers s'y livrent à d'interminables débats sur les sujets d'actualité dans une lumière douce et tamisée. Il s'agit d'un des pubs les plus photographiés de Dublin.

Des Liberties à Kilmainham Gaol
Visite 8 – p. 32

Voir ***The Brazen Head*** *(p. 33).*

De Oxmantown à Phoenix Park
Visite 9 – p. 36

Voir ***Ryan's*** *(p. 37).*

1 - The Front Lounge
2 - Turk's Head
3 - The Morgan Bar

Bars et night-clubs

Le long de la Liffey *Visite 2 – p. 14*

Panti Bar

7-8 Capel Street (G6)
☎ 874 0710
www.pantibar.com
T. l. j. 17h-2h30.

Chaque jeudi soir (22h), la belle et exubérante Panti, la plus célèbre des drag queens dublinoises, agite sa crinière blonde dans l'un des shows les plus courus de la ville. Gays, lesbiennes ou hétéros, chacun trouve son compte au Panti Bar, que ce soit pour les délirantes Furry Glen Bear Nights du samedi soir ou pour danser toute la nuit sur le meilleur de la musique pop.

Temple Bar *Visite 4 – p. 18*

The Front Lounge

33 Parliament Street (G7)
☎ 670 4112
www.thefrontlounge.ie
Lun.-jeu. 11h-minuit, ven. 11h-2h, sam. 12h-2h, dim. 12h-23h30.

Voici l'un des endroits les plus fun et les plus soignés de Dublin, avec sa déco d'inspiration grecque, ses angelots baroques et ses expositions d'artistes contemporains. Très prisé de la communauté gay, l'établissement propose un karaoké (mar.) et accueille des DJ (à partir de 22h ven.-sam.).

The Morgan Bar

10 Fleet Street (H6/I6)
☎ 643 7057
www.themorganbar.ie
Lun.-jeu. 12h-0h30, ven.-dim. 12h-2h30.

C'est LA parenthèse sophistiquée ! Parmi tous les pubs traditionnels de Temple Bar, le Morgan joue la carte du confort et de l'élégance. Sofas aux tons crème ou vermillon, larges miroirs, lumière travaillée composent un environnement chaleureux propice à la dégustation de délicieux cocktails (12-10 €). Un DJ y mixe de la funky house (dès 21h ven.-dim.).

Turk's Head

27 Parliament Street (G7)
☎ 679 2606
www.turkshead.ie
Lun.-ven. 15h-3h, sam.-dim. 12h-3h
Cocktail : 5-8,50 €.

L'un des *late bars* les plus animés de Temple Bar se transforme en night-club du lundi au samedi (selon l'ambiance). Réputé pour son décor détonnant avec ses mosaïques espagnoles, ses statues orientales, ses fresques contemporaines, on y danse sur tous les styles de musique.

Voir aussi ***The Porter House*** *(p. 21).*

St Stephen's Green *Visite 6 – p. 24*

Dakota

9 South William Street (H7)
☎ 672 7696
www.dakotabar.ie
Lun.-mer., dim. 12h-23h30, jeu. 12h-0h30, ven.-sam. 12h-2h30
Bière à 5 €.

Un « super bars » à la londonienne où se ruent des hordes

de jeunes Dublinois pour s'imprégner d'une atmosphère lounge, lovés dans des sofas en écoutant de la bonne musique, oscillant entre le rétro et l'actuel. Si vous comptez vous y rendre le week-end, préparez-vous à affronter la foule et le bruit !

Fallon & Byrne Wine Cellar

11-17 Exchequer Street (H7)
☎ 472 1010
www.fallonandbyrne.com
Lun.-mer. 12h-22h, jeu. 12h-23h, ven. 12h-minuit, sam. 11h-minuit dim. 12h30-21h.

Au sous-sol de l'épicerie fine la plus trendy de Dublin se cache la plus belle **cave à vins de la capitale.** Le nombre d'étiquettes provenant du monde entier donne le tournis (5,50-17 € le verre), mais la jeune sommelière française qui y officie saura vous guider dans ce maquis. Ce ***wine bar*** propose des choses simples : des planches de fromages et de charcuterie (11,95 €), des huîtres, des soupes de poissons (10,95 €). Ici, simplicité se conjugue avec saveur et authenticité.

Bagots Hutton

28 South William Street (H8)
☎ 534 3956
www.bagotshutton.com
Lun.-jeu. 16h-23h30, ven.-sam. 13h-2h30, dim. 12h-23h.

Vous aimez les **cadres élégants et les ambiances glamour ?** Optez pour le Bagots Hutton, le **bar à vins** de Dublin qui ne cesse de monter. Cave voûtée, Chesterfield moelleux, lumière tamisée vous assure une agréable soirée. La carte des vins est ramassée – une vingtaine de rouges et de blancs italiens, espagnols et surtout français (6-9 € le verre) – mais elle change deux fois par mois. Dégustez-les avec une planche de fromages et de charcuterie (10-15 €), et vous vous concocterez un **apéro dînatoire** parfait.

Fade Street Social Bar

4/6 Fade Street (H7)
☎ 604 0066
www.fadestreetsocial.com
Lun.-ven. 17h30-0h30, sam.-dim. 15h-0h30.

Avec ses murs de brique, son parquet blond sans âge et ses sofas moelleux, ce bar au premier étage du restaurant éponyme est aussi cosy qu'un club anglais. Une **clientèle chic** et joviale vient y siroter de **délicieux cocktails** (10,50-13,50 €), ou découvrir la **carte des vins** chiliens, espagnols ou français (6-8 € le verre) sélectionnés par Dylan McGrath. Le tout au rythme d'une lounge music qui monte en puissance au fil de la soirée. Idéal pour une soirée rooftop, car le bar vient d'inaugurer une terrasse sur son toit.

Hogan's

35-37 South Great George's Street (H7)
☎ 677 5904
Lun.-mer. 12h-23h30, jeu. 12h-1h, ven.-sam. 12h-2h30, dim. 12h-23h
Pinte de Guiness à 4,95 €.

Vieux bar en bois XIXe s., parquet sans âge et vitres gravées, le Hogan's cache bien son jeu. Sous ses airs de pub traditionnel, il est **l'un des bars les plus trendy du SoDa.** Pour boire une pinte ou un *long drink* dans un joyeux boucan, optez pour le bar du rez-de-chaussée. Si vous êtes pris par une envie de chalouper, filez au sous-sol. Des **DJ** s'y produisent tous les week-ends et y mettent le feu.

The George

89 South Great George's Street (H7)
☎ 478 2983
www.thegeorge.ie
Lun.-ven. 14h-2h30, sam. 12h30-2h30, dim. 12h30-1h30 ; club à partir de 17h
Entrée payante : 5-10 € (gratuit lun.-jeu. et jusqu'à 22h).

Une devanture violette, facile à repérer, pour un bar qui se veut le **principal rendez-vous gay de la capitale.** Le club vise même la première place européenne (ne dit-on pas que les Irlandais ont le sens des superlatifs) pour les meilleures soirées, les plus vibrantes et les plus animées. Bien qu'ouvert à tous, l'endroit attire surtout **une clientèle masculine.**

Lillie's Bordello

2 Adam Court / Grafton Street (I7)
☎ 679 9204
www.lilliesbordello.ie
Tous les soirs 23h-2h/3h
Entrée payante : 5-15 € (gratuit lun.-mer.).

Un lieu où **frimer.** Les mannequins et leur galaxie de vieux beaux, les producteurs de films et autres *beautiful people* y montrent qu'ils existent. On peut parfois croiser des célébrités comme les U2 ou Damien Rice. Bien sûr, les **portiers sont exigeants** pour laisser entrer les inconnus. À vous de les décoiffer suffisamment par votre look pour qu'ils aient l'impression que vous êtes incontournable. À l'intérieur, vous vous régalerez rien qu'en regardant autout de vous.

Voir aussi ***Café en Seine*** *(p. 25).*

De Merrion Square à Grand Canal

Visite 7 – p. 28

Voir ***Ely Wine Bar*** *(p. 31).*

1 - The Village
2 - The O2
3 - The Gaiety Theatre

Théâtres et concerts

O'Connell Street *Visite 1 – p. 10*

The Abbey and Peacock Theatres

26 Abbey Street Lower (D3)
☎ 878 7222
www.abbeytheatre.ie
Lun.-sam. 10h30-19h
Place entre 13 et 45 €.

Cette institution de la vie culturelle dublinoise héberge le **Théâtre national** depuis 1904. Les grandes pièces du répertoire irlandais furent créées ici. C'est l'une des scènes les plus créatives de la capitale, produisant des classiques nationaux, de jeunes dramaturges ou des lectures publiques. Certaines pièces sont jouées le samedi jusqu'à 14h pour un moindre prix (13-19 €).

The Gate Theatre

Cavendish Row,
Parnell Square (D2)
☎ 874 4045
www.gatetheatre.ie
Lun.-sam. 10h-19h30
Place entre 25 et 35 €.

L'autre **grande scène dublinoise** bénéficie d'un cadre plus agréable et d'une salle intime. Elle s'est distinguée dès le départ par son **éclectisme,** jouant Oscar Wilde alors même qu'il était interdit en Grande-Bretagne. Orson Welles s'y produisit à ses débuts. La programmation propose souvent des **pièces européennes et américaines** plus que les classiques nationaux.

Voir aussi ***Rotunda Hospital*** *(p. 12).*

Dublin Castle *Visite 3 – p. 16*

Voir ***Christ Church Cathedral*** *(p. 16).*

Temple Bar *Visite 4 – p. 18*

Project Arts Centre

39 East Essex Street (H7)
☎ 881 9613
www.projectartscentre.ie
Lun.-sam. 11h-19h
Place entre 15-25 €
Résa sur place, sur le site Internet ou par téléphone.

Inauguré en 2000, le Project Arts Centre présente le meilleur de la **danse,** des **arts visuels** et du **théâtre contemporain.** En septembre, c'est aussi le **lieu principal du Fringe Festival** (théâtre, musique, cirque…) et en octobre du **Dublin Theatre Festival.** À l'affiche : des pièces de Shakespeare rarement montées (*Vie et mort du roi Jean*, *La Nuit des rois*), des pièces avant-gardistes, et même du cirque théâtral aérien !

The Olympia Theatre

72 Dame Street (H7)
☎ 672 5883 ou ☎ 679 3323 (résa)
www.olympia.ie
Lun.-sam. 10h30-18h30
Place à partir de 20 €.

Programmation variée d'un genre similaire à celle du Gaiety. Beaucoup de spectacles de variété, des stars irlandaises ou internationales. Il y a un bar à chacun des trois niveaux. L'un des meilleurs rendez-vous de la ville.

The Button Factory

Temple Bar Music Centre, Curved Street (H7)
☎ 670 9105 ou 598 4808 (résa)
www.buttonfactory.ie
Lun.-jeu. 19h30-23h30, ven.-dim. 19h30-2h30
Place entre 10 et 30 €.

La salle de concerts *hype* de Dublin surgit en plein cœur de Temple Bar. Des concerts de styles très différents y sont programmés (rock, métal, électro, pop, musique traditionnelle) et des DJ y concoctent des soirées à thème. Vous pourrez acheter vos tickets à l'avance chez le disquaire voisin. Ne manquez pas le Wall of Fame à l'extérieur du centre, un mur où sont affichées les photos des plus grands artistes irlandais.

St Stephen's Green
Visite 6 – p. 24

The Gaiety Theatre

South King Street (H8)
☎ 871 9388
www.gaietytheatre.ie
Lun.-sam. 10h-19h
Place entre 15 et 70 €.

Une salle très cosmopolite pour des spectacles variés, allant du théâtre classique ou de boulevard à l'opéra en passant par des shows comiques. Les plus intéressants des spectacles internationaux se produisent ici. Certains sont très prestigieux, le prix des places étant alors plus élevé que la moyenne.

National Concert Hall

Earlsfort Terrace (D4)
☎ 417 0077 (accueil) ou ☎ 417 0000 (résa)
www.nch.ie
Lun.-sam. 10h-18h
De 10 à 70 €.

Avant d'être une salle de concerts, les locaux appartenaient à l'université de Dublin, ce qui explique leur aspect austère et une acoustique médiocre. La musique classique est donc mal servie. Vous n'aurez ainsi aucun mal à trouver des billets. Sympathiques pour faire la pause, les concerts à l'heure du déjeuner tous les mardis en été.

Voir aussi ***St Ann's Church*** *(p. 26).*

De Merrion Square à Grand Canal
Visite 7 – p. 28

The Sugar Club

8 Lower Leeson Street (D4)
☎ 678 7188
www.thesugarclub.com
Place à partir de 10 €

C'est à la fois un bar de nuit réputé pour ses fameux cocktails et un auditorium qui dégage une atmosphère de cabaret, avec ses boiseries et ses banquettes de velours rouge. La programmation est variée mais inégale. Spectacles comiques, projections de films, concerts de rock, de jazz, de funk ou de musique latino, mix de DJ…

Des Liberties à Kilmainham Gaol
Visite 8 – p. 32

Vicar Street

99 Vicar Street / 58-59 Thomas Street (C3)
☎ 775 5800
www.vicarstreet.ie
T. l. j. à partir de 17h
Place à partir de 10 €.

Vicar Street est l'un des endroits à la mode pour écouter de la musique tout en prenant un verre en même temps. Des soirées avec DJ ou des groupes *live* sont programmés certains soirs (ven. et sam.).

Dublin Docklands
Visite 10 – p. 38

The 3Arena

North Wall Quay (E3/F3)
☎ 819 8888
www.3arena.ie
Place à partir de 35 €.

The 3Arena est la plus grande salle de concerts du pays. Son nom était à l'origine The Point, puis elle est devenue l'O2 après une rénovation de 80 millions d'euros, avant de changer une nouvelle fois d'enseigne et de devenir The 3Arena Les rois de l'*entertainment*, les Californiens de Live Nation, ont sauvé l'ancien entrepôt victorien et ses briques rouges. La salle accueille de grands concerts, des comédies musicales et des événements sportifs (catch).

Dublin Theatre Festival

Début octobre, ce festival accueille des compagnies du monde entier dans toutes les salles de la ville. Voir p. 5.

Plaisir de pubs

Il est impensable de visiter Dublin sans faire étape dans l'un de ses innombrables pubs. Noyau de la vie sociale, c'est ici que bat le cœur de la capitale et que s'exprime la culture populaire. De pub en pub, vous goûterez au vrai Dublin et à la saveur de ses habitants, surtout le soir quand les lieux s'échauffent au son de la musique, des airs repris en chœur et des tintements de pintes. Bien sûr, faites attention à ce que vous consommez, faute de quoi vous finirez en rampant comme l'expression consacrée, *pub crawl*, le sous-entend…

Le paradis au coin de la rue

Diminutif de *public house*, le pub est en Irlande un mode de vie. Longtemps fréquenté presque exclusivement par les hommes, c'était un lieu où retrouver ses amis et surtout un endroit où parler. Les femmes y sont maintenant presque aussi nombreuses que les hommes. On s'y donne rendez-vous entre amis, après le travail ou pour la soirée, on y discute de presque tout et l'on s'y invite (les Irlandais reçoivent peu à la maison). Dublin compte à lui seul plus de 1 000 pubs et il y en a pour tous les goûts : pubs historiques ou littéraires, pubs traditionnels ou pubs modernes, chic et branchés… Évitez toutefois les pubs à l'européenne, impersonnels et très fréquentés par les touristes. Pour vous faire une idée de ce vivier abondant et éclectique, surfez sur : www.dublinpubscene.com

La musique et le *craic*

Outre sa fonction conviviale, le pub est un loisir à part entière. On s'y retrouve pour faire de la musique, chanter, rire, discuter… C'est ce que les Irlandais nomment le *craic*, mot typique qui signifie d'une façon générale « se détendre en s'amusant ». Les pubs musicaux ne sont pas la règle absolue. Ceux qui accueillent des musiciens le font certains soirs de la semaine, et les styles de musique peuvent varier considérablement, du folk au rock, en passant par le traditionnel. Les clients réguliers sont toujours au courant des différentes manifestations et connaissent souvent les musiciens. Pour les autres, le programme est affiché sur un tableau.

Boiseries et miroirs

Dans les villes, les pubs font véritablement partie du patrimoine. Certains d'entre eux sont vieux de plusieurs siècles, mais même les plus récents ont gardé la patine des années, jaune nicotine et suie de tourbe, souvenir des anciennes cheminées. Les plus beaux sont tapissés de bois sombre, chêne ou acajou. Parfois, de petits compartiments cloisonnés qualifiés de *smug* préservent l'intimité. Comptoirs de marbre, vitraux colorés de style victorien et, surtout, miroirs gravés font très souvent partie du décor. Ces derniers, très nombreux, servaient de support aux publicités pour les marques d'alcool. Certains, très beaux,

portent des motifs compliqués. En principe, le pub est un havre de tranquillité et la morale veut que l'on ne soit pas vu de la rue quand on boit. Les devantures sont donc souvent en verre dépoli ou occultées par des étagères. Il faut entrer pour voir l'intérieur qui ne manque pas de charme.

Pub étiquette

Le savoir-vivre dans un pub tient à peu de choses. Le bar contient un comptoir bordé de tabourets et un *lounge* pour ceux qui veulent s'asseoir. N'attendez pas que le serveur vienne prendre votre commande. Il faut la passer au bar et la payer aussitôt. Ne vous fatiguez pas à attirer l'attention du barman : il sert les gens strictement dans l'ordre d'arrivée et a, en général, un œil bien entraîné. Pour une pinte, demandez *a pint*, pour une demi-pinte, *a glass* ou *half a pint*. Les buveurs sérieux ne commandent jamais de demi-pinte, car deux demis sont nettement plus chers qu'une pinte. La blonde se dit *lager*. Pour la brune, précisez seulement si vous voulez une Guinness ou une Murphy (moins bien vue à Dublin). L'authentique pub dublinois est plutôt un endroit où l'on vient discuter : il est calme et feutré, et l'on s'y livre à tous les plaisirs des mots, un sport très important en Irlande. La plupart des écrivains ont laissé leur souvenir dans leurs pubs favoris. Ici et là, au milieu des bouteilles et des réclames, vous lirez des citations ou des extraits de poèmes témoignant du goût du barman pour la littérature.

Un dernier verre

En fin de soirée, juste avant l'heure limite du service (23h ou 23h30 selon la saison), le barman crie : « *Last orders, please !* » Vous êtes alors invité à commander votre dernière boisson, mais rien ne vous empêche d'en commander plusieurs à la fois pour faire durer le plaisir, car le pub ferme toujours plus tard (seul l'horaire de service est régi par la loi...). Vous observerez d'ailleurs les clients retournant à leur siège avec deux ou trois pintes entre les mains. Avis aux couche-tard : certains pubs qualifiés de *late bars* prolongent désormais l'ambiance jusqu'à 1h30 ou 2h.

Bière et whiskey

Difficile de visiter l'Irlande sans goûter aux spécialités nationales dont, bien sûr, la célèbre Guinness qui ravit les gosiers irlandais depuis plus de deux siècles. Ce n'est pas une raison pour laisser de côté ses petites sœurs qui ont d'autres arguments pour vous séduire. Quant aux whiskeys, ils se targuent de valoir leurs rivaux écossais.

Une brune célèbre

À Dublin, où les brasseries ont fait vivre des centaines de familles, Guinness règne sans partage, avec une production quotidienne de 4 millions de pintes. On en consomme 10 millions de verres par jour dans le monde ! Si vous n'avez jamais goûté de brune, aussi appelée *stout* ou *porter*, faites-le ici, car les puristes vous diront qu'elle supporte mal les transports et qu'elle donne le meilleur d'elle-même près des brasseries. Si la Guinness est la plus connue des bières irlandaises, avec sa couleur noire et sa tête mousseuse presque blanche, il en existe d'autres, comme la Murphy's et la Beamish *(stouts)*, plus douces et plus onctueuses, que l'on trouve à Cork, dans le sud du pays. À côté de la brune, on peut boire des rousses *(ales)*, telle la Smithwicks au goût caramélisé, ou des blondes *(lagers)*, comme la Harp.

Secrets de fabrication

La bière est produite à partir de l'orge. Une partie des grains donne le malt. L'autre partie est torréfiée, ce qui donne au breuvage sa couleur brune. Le goût amer vient du houblon que l'on ajoute au cours de la fabrication. La bière atteint sa maturation dans d'immenses fûts. Ne faites pas l'erreur de croire que tout s'arrête là. Pour boire une bonne pinte, la bière doit être tirée lentement. On attend ensuite que les bulles montent et forment un tapis mousseux sur le liquide sombre, puis on complète jusqu'en haut du verre. Le tout prend environ 3 minutes. Si la bière est bien tirée, la mousse garde l'empreinte des lèvres jusqu'au bout et laisse sur le tour du verre plusieurs ronds.

Reine de pub

La notoriété de la Guinness provient de l'engouement du public irlandais et international, mais aussi d'une succession d'astucieuses campagnes de pub, à une époque où la réclame, comme on disait alors, en était à ses balbutiements. *Guinness is good for you* (« la Guinness est bonne pour vous ») ou *My Goodness ! My Guinness !* (« Mon Dieu ! Ma Guinness ! ») sont devenus des refrains populaires, persuadant

les consommateurs de l'intérêt de cette boisson pour la santé, à tel point qu'on la recommandait aux enfants chétifs et aux femmes allaitant ! Bon nombre de bars ont repris ces pubs pour décorer leur devanture ou les murs de leurs salles. Pour en savoir plus, une visite au Guinness Storehouse s'impose (voir p. 35).

Porter cake et hot toddy

La bière brune et le whiskey sont également utilisés dans de nombreuses recettes. Ainsi,

pour confectionner le *porter cake*, cake traditionnel riche et délicieux, on fait macérer des fruits secs dans de la bière brune. Au pub, demandez un *irish coffee*, mélange célèbre et savoureux de whiskey, de café fort et de crème fraîche, ou un *hot toddy*, sorte de grog au whiskey, agréablement parfumé de citron et de clou de girofle. Chez les confiseurs, essayez aussi les caramels ou les truffes au whiskey.

L'or roux des barriques

L'autre boisson de l'Irlande est le whiskey, qui compte un « e » supplémentaire lorsqu'il est irlandais ou américain, par opposition au whisky écossais. Cet alcool existait déjà du temps des Celtes. Appelé alors *uisge beatha* (« eau-de-vie »), il devint *fuisce* dans la langue des envahisseurs normands, puis fut anglicisé en whiskey. Les ingrédients utilisés sont l'orge, l'eau et la levure. Les grains d'orge sont séchés, triés, trempés et maltés. Après la fermentation, le moût subit trois distillations successives qui purifient progressivement l'alcool (le whisky écossais n'en subit que deux). Le liquide passe dans un alambic chauffé où il se transforme en vapeur avant de se condenser en un distillat. La dernière distillation donne le whiskey, stocké pour le vieillissement en fûts de chêne, entre trois et quinze ans.

Bréviaire des marques

Trois grandes distilleries se sont longtemps partagé la production de whiskey : Dublin, Midleton dans le comté de Cork et Bushmills en Irlande du Nord. Pour résister à la concurrence des Écossais, elles se sont réunies et sont désormais sous la houlette de Pernod-Ricard. Elles ont cependant gardé des marques différentes pour satisfaire toutes les catégories de clientèle.

Bushmills est le whiskey le plus ancien au monde (1608), et le Bushmills Malt est fort apprécié des connaisseurs. Le **Powers**, peu exporté, peut constituer un souvenir. Le **Jameson Reserve**, douze ans d'âge, est un whiskey haut de gamme. C'était la marque préférée de James Joyce. Le **Paddy's** est beaucoup plus léger et se prête bien aux mélanges.

Graffitis sur les murs des studios de Windmill Lane

La musique irlandaise, *rock n' step dancing*

Que vous l'aimiez traditionnelle, folk ou rock, la musique irlandaise est omniprésente à Dublin. Dans la rue, dans les pubs, le son des flûtes, des violons et des guitares résonnent partout, les amateurs se mêlant aux professionnels dans un même amour du chant, de la danse et de la fête.

Musique traditionnelle

La musique traditionnelle irlandaise est bien vivante. Il suffit de voir la popularité des pubs musicaux et le nombre de disquaires spécialisés pour s'en convaincre. Musique à écouter, et à danser plus encore, elle est aussi un art de vivre à l'irlandaise. C'est une façon de créer un lien dans le pub – ou la salle communautaire –, qui est le Q.G. de ces concerts. Sur scène, les *seisúns*, ou *pub sessions*, réunissent souvent de façon informelle différents musiciens qui apprennent à jouer ensemble en improvisant sur des instruments au design parfois étrange, des *bodhrán* (sortes de grands tambourins), des *tin whistle* (flûtes droites), des *melodeons* (sortes d'accordéons simplifiés), des *fiddles* (violons) et les inoxydables *music spoons*, des cuillers en bois qui servent à donner le rythme. Les concerts sont parfois coordonnés à un spectacle de danse, l'occasion de découvrir le *step dancing* et les danses de groupe (*ceili dancing*) qui ont fait le succès international des shows Riverdance et The Lord of the Dance.

Une évolution en douceur

Dans les années 1960 et 1970, les liens étroits tissés avec les États-Unis et l'influence d'artistes aussi populaires que Joan Baez et Bob Dylan ont permis à la musique folk de s'épanouir en Irlande. Des artistes comme les Clancy Brothers, les Dubliners ou encore Christy Moore, sont restés fidèles au folk. D'autres, comme Van Morrison, s'orientèrent vers le rock en mêlant l'héritage celte aux rythmes du blues.

Rory Gallagher suivit le même chemin avant que The Cranberries ne rééditent la recette dans les années 1990.

Le choc punk

Beaucoup plus radical, le mouvement punk, qui débute à Londres avec The Clash et les Sex Pistols, arrive d'abord en Irlande du Nord. Il symbolise la révolte contre l'ordre moral cher aux églises protestantes puritaines. À Dublin, ce courant est moins actif, seuls les Boomtown Rats, sous la direction de Bob Geldof, connurent du succès. En revanche, la musique traditionnelle accommodée à la sauce punk fait le succès international des *celtic punk* de The Pogues, des Irlandais émigrés à Londres.

La bombe U2

Le Dublin de la fin des années 1970 est un véritable vivier du rock. Le groupe U2, mené par le chanteur Bono, fait une entrée fracassante dans le paysage musical avec son premier album *Boy* (1980). Trente-cinq ans plus tard et plus de 170 millions de disques vendus, U2 est toujours la première exportation musicale d'Irlande, atteignant une célébrité comparable à celle des Rolling Stones. Avec leur tube mondial *Sunday Bloody Sunday* (1983), ils ont montré leur sensibilité aux événements sanglants d'Ulster survenus en 1972. Dans leur sillage, la créativité explose.

Une scène rock dynamique

La fin des années 1980 est marquée par une autre découverte importante, celle de la chanteuse Sinéad O'Connor, qui signe avec sa version de *Nothing Compares 2 U* – une chanson de Prince – son entrée fracassante sur la scène mondiale. Autre voix, autre femme, mais dans un genre teinté d'influences celtiques, celle des Cranberries, la chanteuse Dolores O'Riordan, considérée comme l'une des plus belles voix féminines du rock.

Le renouveau

C'est souvent à Londres que les jeunes Irlandais vont chercher la reconnaissance internationale, même si chacun sait que Dublin est l'une des pépinières les plus actives. Après la folie des boys bands et le succès de Boyzone dans les années 1990, la mode revient à la pop anglaise comme avec le groupe The Corrs qui mélange pop et influences celtiques. Des groupes tels que Snow Patrol et The Thrills, installés dans un son plus *British*, s'arrachent les faveurs de la presse spécialisée. Autre étoile irlandaise, née au début des années 2000, le talentueux Damien Rice qui délivre une folk poétique dans ses deux albums *0* et *9*. Freebird Records (voir p. 98) est l'une des bonnes adresses pour découvrir les artistes de la nouvelle génération irlandaise.

Rock and Stroll

Si vous êtes un fan absolu de tout ce qui est rock, vous pouvez parcourir la ville sur les traces des célébrités. Demandez à l'office de tourisme le dépliant ***Rock and Stroll*** (3 €) qui donne la liste et les détails de 16 sites mythiques, comme les **studios de Windmill Lane** où les U2 ont enregistré leur premier disque ou le **Bad Ass Café** où Sinéad O'Connor se faisait de l'argent comme serveuse. Peut-être parviendrez-vous à éclaircir l'un des plus grands mystères de Dublin, celui de son étonnante capacité à produire des réussites mondiales.

Carnet pratique

Sur les cartes du chapitre Visiter, ces symboles signalent les adresses

000	000	000
Où manger	Shopping	Sortir

Ils donnent le numéro de la page où vous pourrez lire la description détaillée de chaque établissement.

Quand partir ?

S'il pleut souvent en Irlande, il faut cependant nuancer : il pleut moins à Dublin qu'à Brest ! L'hiver, les températures oscillent en moyenne entre 2 et 11°C, l'été entre 11 et 21°C, mais le temps peut changer rapidement… et le vent étant souvent violent, les parapluies sont mis à rude épreuve ! Le printemps est la période la plus sèche, les mois de juillet et août sont les plus chauds, mais les plus pluvieux aussi. En hiver, même lorsqu'il ne pleut pas, l'humidité de l'air accentue l'impression de froid. Lainage chaud et imperméable sont indispensables à cette période de l'année. Les mois d'avril, de mai et de juin sont les plus calmes et les plus agréables. Lors des célébrations de la Saint-Patrick, la fête nationale (17 mars), Dublin est très animé et les prix des hôtels flambent.

OFFICE DE TOURISME DE L'ÎLE D'IRLANDE

☎ 01 70 20 00 20
www.ireland.com/fr-fr
Les bureaux n'accueillent pas le public. Il faut soit téléphoner, soit envoyer un mail depuis le site Internet.

CENTRE CULTUREL IRLANDAIS

5, rue des Irlandais, 75005 Paris
☎ 01 58 52 10 30
www.centreculturelirlandais.com
- **Expositions : mar.-sam. 14h-18h (20h mer.), dim. 12h30-14h30**
- **Médiathèque : lun.-ven. 14h-18h (20h mer.).**

Pour y aller

EN AVION

Pour un court séjour, l'avion est la solution idéale. Dublin est bien desservi par les compagnies aériennes à partir de Paris, en 1h55 environ. Les départs se font principalement de l'aéroport Roissy-Charles-de-Gaulle 2 E, et vous arriverez au terminal 1 du Dublin International Airport. **Trois compagnies** se partagent les lignes régulières. En règle générale, vous obtiendrez les meilleurs tarifs en réservant longtemps à l'avance, mais les compagnies aériennes peuvent aussi solder des billets au dernier moment afin d'augmenter le remplissage des avions.

Air France assure plusieurs vols quotidiens pour Dublin depuis Paris, mais aussi Bordeaux, Lille, Lyon, Marseille, Rennes, Strasbourg, Toulouse, Bruxelles et Genève avec escale à Paris ou Amsterdam (vols directs uniquement depuis Paris).

- **Air France : ☎ 36 54 – www.airfrance.fr**

Aer Lingus effectue des vols quotidiens au départ de Paris, Bordeaux, Lyon, Nice, Bruxelles et Genève.

- **Aer Lingus : ☎ 01 70 20 00 72 – www.aerlingus.com**

Ryanair, la célèbre compagnie low cost irlandaise, assure des liaisons quotidiennes depuis Paris-Beauvais, Nice, Biarritz et Bruxelles-Charleroi. Une navette relie Paris (porte Maillot, boulevard Pershing) et l'aéroport de Beauvais (17 € l'aller).

- **Ryanair : ☎ 0892 56 21 50 (0,34€/min ; lun.-ven. 8h-20h, sam. 10h-18h, dim. 10h-17h ; en français) www.ryanair.com**

Voyages-sncf.com

Voyages-sncf.com, distributeur de voyages en ligne de la SNCF, vous propose ses meilleurs prix de train, avion, hôtel et location de voitures en France et en Europe. Accèdez aussi à ses services exclusifs : billets à domicile (en France), Alerte Résa, calendrier des prix, offres de dernière minute… Informations et réservations depuis la France sur **www.voyage-sncf.com** ; sur tablettes & mobiles avec les V. (trains) et V. Hôtel (hôtels).
Réserver un vol, un hôtel, une voiture : ☎ 0899 500 500 (appel au prix de 1,35 € et 0,34 €/min).
Une question ? Rubrique Contact ou ☎ 09 70 60 99 60 (numéro non surtaxé).

BONS PLANS INTERNET

Sur Internet, les promotions et les bonnes affaires sont fréquentes, et ce quelle que soit la période. Pour bénéficier des meilleurs tarifs, consultez les différents moteurs de recherche de vols compilant l'ensemble des offres existantes :
www.skyscanner.fr
www. ebookers.fr
www.bdv.fr

LES FORFAITS

Économiques, ils vous évitent également de vous préoccuper de la recherche et de la réservation de l'hôtel et du billet d'avion. Les voyagistes qui les présentent bénéficient de tarifs négociés et de formules à personnaliser selon vos besoins. Voici quelques agences qui proposent des forfaits week-end ou court séjour à Dublin :

- **Gaéland Ashling :** ☎ 0825 123 003 – www.gaeland-ashling.com
- **Voyageurs du Monde :** ☎ 01 42 86 16 00 – www.voyageursdumonde.fr

Pensez à consulter ces autres sites Internets plus généralistes :

- www.govoyages.com
- www.nouvelles-frontieres.fr
- www.opodo.fr

Dormir à Dublin

QUEL QUARTIER ?

Dublin est une petite ville : quel que soit votre lieu de résidence, vous pourrez rapidement accéder aux principaux musées et monuments. Si vous privilégiez les établissements bon marché, les hôtels de **Gardiner Street** et au nord **d'O'Connell Street** sont les plus accessibles. Au contraire, si vous voulez avant tout être très central et au calme, préférez les hôtels plus chers autour de **St Stephen's Green** et de **Grafton Street.** En revanche, mieux vaut **éviter le quartier très festif de Temple Bar** (à moins de choisir un hôtel 4 étoiles), ainsi que les axes de **Westmoreland Street, Dame Street, Nassau Street et les quais de la Liffey,** où la circulation ne tarit jamais.

CLASSIFICATION

À côté de **l'hôtel classique** (de 1 à 5 étoiles), vous trouverez à Dublin des ***guesthouses*** (1 à 4 étoiles), en général des habitations privées reconverties pour accueillir des hôtes, qui se situent entre l'hôtel et la pension de famille. Le ***bed and breakfast*** constitue la meilleure façon de voir le mode de vie des Dublinois. La plupart des *B&B* de charme sont un peu excentrés – beaucoup se situent **autour du quartier aisé de Ballsbridge.** Les **pubs traditionnels** sont aussi souvent de petits hôtels ***(pub accommodation),*** mais à moins de ne pas avoir le sommeil léger (fermeture des pubs à 2h le week-end), mieux vaut les éviter.

TARIFS ET RÉSERVATION

Les prix varient évidemment en fonction de votre localisation (voir plus haut) et de la saison, même si les variations entre l'hiver et l'été sont faibles. Comptez entre 130 et 180 € pour une chambre dans un hôtel de bon standing (3-4 étoiles), et de 80

à 130 € pour une chambre en *guesthouse* au nord de la Liffey. Les **grands événements** comme la célébration de la Saint-Patrick, Pâques, et les week-ends de finale de rugby, de *hurling* ou de football gaélique, font flamber les prix. Si vous partez lors de ces événements, il vous faudra **réserver longtemps à l'avance.** Sachez que pour les fêtes de fin d'année – un événement très familial et religieux en Irlande – beaucoup de centres d'intérêt, de *guesthouses* et de *B&B* sont **fermés.** Dans tous les cas, si vous le souhaitez, **l'office de tourisme Visit Dublin** peut se charger de vos réservations par téléphone ou sur Internet. Les hôtels font souvent des **offres spéciales** sur leur site Internet et toutes ces bonnes affaires sont compilées sur le site Visit Dublin.
Lors de votre réservation, précisez si vous souhaitez une *double* (grand lit) ou une *twin* (lits jumeaux simples). Enfin, le petit déjeuner, souvent inclus dans le prix, est un vrai repas à lui tout seul : céréales, jus de fruits, œufs avec bacon et saucisses, thé ou café, pain grillé et fruits.

Office de tourisme de Dublin (voir adresses p. 129) : ☎ 01 70 2000 20 (depuis la France) ou 18 90 3245 83 (depuis l'Irlande) – www.visitdublin.com

Retrouvez notre sélection d'hôtels, de *guesthouses* et de *B&B* p. 132.

Se déplacer

DE L'AÉROPORT AU CENTRE-VILLE

En bus

De l'aéroport (Terminal 1 pour les courts courriers), les **bus 16** (O'Connell Street, College Greene, South Great George's Street) et **41** (Abbey Street, Gardiner Street) rejoignent le centre-ville en 45 min environ. Départ toutes les 20 à 30 min, de 6h

PENSEZ-Y

FORMALITÉS

Si vous êtes ressortissant d'un pays membre de l'Union européenne, seule la carte nationale d'identité ou un passeport en cours de validité est nécessaire. Dans les autres cas, adressez-vous, avant votre départ, à l'ambassade pour obtenir un visa de tourisme.

Ambassade d'Irlande :
12, avenue Foch, 75116 Paris
☎ 44 17 67 00
www.dfa.ie/irish-embassy/france/
Lun.-ven. 9h30-12h30.

ASSURANCE

Prévoyez une assurance rapatriement, utile en cas d'accident grave. Les voyagistes la proposent, comprise ou non dans le forfait. De plus, certaines cartes de paiement l'incluent dans leurs avantages. Renseignez-vous auprès de la banque émettrice.

SANTÉ

Avant votre départ, procurez-vous auprès de votre caisse d'assurance maladie la carte européenne d'assurance maladie (CEAM). Elle vous permettra de prouver que vous êtes assuré social dans un pays de l'UE, vous bénéficierez ainsi des soins de santé publics dans les mêmes conditions. Au besoin, adressez-vous à un General Practicioner du General Medical Service Scheme. Attention, la CEAM ne couvre pas les soins en secteur privé. En revanche, les soins d'urgence sont gratuits.

- **Pour les urgences : ☎ 999 ou 112.**
- **Une pharmacie ouverte tard et le week-end, Hickey's Pharmacy's :**
55 O'Connell Street Lower (I6) – ☎ 873 0427
Lun.-ven. 8h-22h, sam. 8h30-22h, dim. 10h-22h.

DOUANE

Attention, que vous soyez citoyen de l'Union européenne ou pas, les quantités de tabac et d'alcool que vous pouvez introduire ou rapporter en Irlande varient.

Centre de renseignement des douanes :
☎ 0811 20 44 44 (depuis la France)
et ☎ 00 33 1 72 40 78 50 (depuis l'Irlande)
et www.douane.gouv.fr

à 23h30 environ. Procurez-vous la ***Leap Visitor Card,*** et vous pourrez circuler dans la ville de façon illimitée pendant 1, 3 ou 7 jours.

En navette

La **navette Airlink** (bus turquoise n° 747) quitte l'aéroport toutes les 10 à 20 min selon l'heure et dessert tout le centre-ville, ainsi que la gare ferroviaire de Heuston (t. l. j. 6h-23h20). Plus luxueuse, et donc un peu plus onéreuse, la **navette Aircoach** dessert les principaux hôtels du centre-ville (7 € l'aller, 12 € l'aller-retour).

Voir le site Internet : www.aircoach.ie

En taxi

Vous gagnerez le centre-ville en 20 à 30 min selon la circulation, mais il vous faudra compter au moins 20 € pour la course.

SUR PLACE

À moins de vouloir visiter les environs, **inutile de louer une voiture :** la **circulation est très dense** et les possibilités de parking réduites. Dublin est une petite ville, préférez la parcourir à pied, c'est la meilleure façon de la découvrir. Les quartiers commerçants (Henry Street et Mary Street au nord, Temple Bar et Grafton Street au sud de la Liffey) sont **réservés aux piétons.**

Titres de transport

Si vous prenez le bus, achetez les tickets à l'avance, car il vous faudra le compte exact. Les chauffeurs ne sont pas autorisés à rendre la monnaie. Le prix d'un ticket dépend de la distance parcourue : 1,95 € (1 à 3 arrêts), 2,55 € (4 à 7 arrêts), 2,80 € (8 à 13 arrêts), 3,80 € (14 et plus).
Toutefois, notez que la ***Leap Visitor Card*** permet de voyager en illimité sur toutes les lignes de bus, les navettes Airlink (transfert aéroport/centre-ville) et Nitelink, le réseau des trams (LUAS), ainsi que les trains de banlieue (DART et Commuter). Elle est valable 24h (10 €), 72h (19,50 €) ou 168h (40 €).

Les adresses où se la procurer : www.transportforireland.ie/leap-card/leap-visitor-card/

Le bus

Les **bus à impériale** permettent de découvrir la capitale d'un point de vue élevé, mais sachez que, si la ville est bien desservie, le **réseau est très complexe.** Il vous faudra de la patience et de la documentation pour vous rendre d'un point à l'autre de la ville. Les **principaux arrêts,** matérialisés par un petit panneau Dublin Bus avec le numéro de la ligne, se trouvent sur O'Connell Street (en direction du nord), Abbey Street (nord et ouest), Eden Quay (sud) et près de Trinity College et St Stephen's Green. La mention ***An Lár*** à l'avant des bus signifie centre-ville.
Les noctambules profiteront des **Nitelink,** les bus de nuit circulant uniquement les nuits du vendredi et du samedi, au départ d'Olier Street et de Westmoreland Street. Le ticket est à 6,50 € sans la ***Leap Visitor Card.***

Informations : Dublin Bus
59 Upper O'Connell Street (D3) – ☎ 873 42 22 – www.dublinbus.ie
Lun. 8h30-17h30, mar.-ven. 9h-17h30, sam. 9h-14h, dim. et j. f. 9h30-14h.

Le tramway

Le centre de Dublin est doté de **deux lignes de tramway** (LUAS) qui permettent de traverser rapidement la ville. La **ligne rouge** (Red Line), très pratique pour rejoindre quelques musées excentrés (Museum of Decorative Arts, Irish Museum of Modern Art), traverse Dublin d'est en ouest longeant la Liffey (depuis la salle de spectacle 3Arena, North Wall Quay), puis descend jusqu'à Tallaght ou Saggart. La **ligne verte** (Green Line) relie St Stephen's Green à Brides Glen (Red Line et Green Line : lun.-ven. 5h30-0h30, sam. 6h30-0h30, dim. 7h-11h30, tramway toutes les 4 à 15 min). Des distributeurs automatiques (1,60 € l'aller simple entre Abbey Street et le Museum of Decorative Arts) sont installés à chaque arrêt.

Le DART

Le DART (*Dublin Area Rapid Transit*) est un **train de banlieue** qui relie le centre-ville aux quartiers du littoral, entre Howth au nord et Bray au sud. Il dessert **5 stations** du centre-ville : Connolly, Tara Street, Pearse Street, Grand Canal Dock et Lansdowne Road. Il circule de 6h30 à 23h30, toutes les 5 min aux heures de pointe, toutes les 15 min le reste du temps. La ***Leap Visitor Card*** est valable dans le DART et dans la zone ***Short Hop,*** depuis n'importe quelle station de Dublin jusqu'à Maynooth, de Greystones à Balbriggan, et de Dublin Heuston à Hazelhatch.

Informations et vente de tickets : **Irish Rail (Iarnród Éireann)**
Lower Abbey Street (D3) – ☎ 703 4070 – www.irishrail.ie

En taxi

Pour trouver un taxi (signalé par un panneau sur le toit du véhicule), il vous faudra aller à l'une des stations, en général à proximité des arrêts de bus et près des grands hôtels, où les taxis s'alignent par ordre d'arrivée. O'Connell Street, St Stephen's Green et College Green sont les artères les plus fréquentées. Comptez un forfait de base de 4,10 € pour un passager majoré de 1 € par passager supplémentaire ou par bagage. Le prix est ensuite affiché au compteur, à raison de 1,03 €/km ou 0,38 €/min.

À vélo

Si vous ne craignez ni la circulation ni les nids-de-poule de l'asphalte dublinois, alors les **Coca-Cola Zero DublinBikes,** service de vélo en libre-service, vous seront très utiles pour rejoindre rapidement – Dublin est peu étendu – les principaux musées et monuments de la ville. Le fonctionnement est simple : procurez-vous une carte d'accès de 3 jours (5 €) au distributeur d'une station (caution de 150 € bloquée le temps de la location) ; elle vous permet ensuite de louer un vélo dans la station de votre choix. La première demi-heure est gratuite, la seconde coûte 0,50 €, les deux premières heures 1,50 € (6,50 € pour 4h). La ville compte **100 stations,** et doit étendre encore son réseau. Parmi les plus utiles, celles de Dame Street, de Christchurch Place, d'Exchequer Street, de Chatham Street et de St Stephen's Green au sud ; au nord, celles d'O'Connell Street/Princes Street et de Parnell Street.

Les **pistes cyclables,** matérialisées par une ligne rouge-brun sont assez développées et plutôt bien respectées. Petit inconvénient : dans le centre-ville, toutes les rues ont un sens unique de circulation, ce qui oblige à quelques détours. Un conseil : portez un casque.

Informations : www.dublinbikes.ie

LE DUBLIN PASS

Valable pour 1 jour : 39 € (enfant : 21 €) ; 2 jours : 61 € (enfant : 35 €) ; 3 jours : 71 € (enfant : 42 €) ; 6 jours : 105 € (enfant : 54 €), le pass donne librement accès à plus de 30 attractions touristiques – châteaux, musées, galeries d'art. Ne manquez pas les offres spéciales dans certains restaurants, boutiques et cafés partenaires ainsi que les réductions pour des visites guidées ou des excursions.

Une liste détaillant les partenaires et les offres vous est fournie lors de l'achat du Dublin Pass. La plupart des attractions se trouvant en centre-ville ou près des principaux sites, les visites peuvent se faire à pied. Profitez de tout ce que Dublin a à vous offrir !

Trouvez votre bonheur avec le Dublin Pass :

www.dublinpass.ie
www.dublinpass.com

À voir, à faire

OFFICES DE TOURISME

Vous y trouverez toutes les informations sur les transports en commun, les musées, les restaurants, les hôtels et les manifestations culturelles. Vous pourrez y faire également toutes sortes de réservations.

DUBLIN GRATUIT

Pour dénicher astuces et événements gratuits, rendez-vous sur :

www.dublineventguide.com

www.visitdublin.com

Voici les **musées gratuits** à Dublin : le National Museum of Archeology, le National Museum of Decorative Arts, Natural History Museum, Irish Museum of Modern Art, National Gallery, National Photographic Archive, Hugh Lane City Gallery, Chester Beatty Library, The Science Gallery.

Les monuments : City Hall, The Grand Post Office, Trinity College, Leinster House, St Audoens Church, Saint Mary's Pro-Cathedral, Carmelite Church of Whitefriar Street, Newman University Church.
Mais aussi les **expos d'art** du Temple Bar Gallery and Studios.

Beaucoup de **festivals et d'événements culturels sont gratuits :** Dublin : One City, One Book, Saint-Patrick's Festival, certains spectacles du Dublin Dance Festival, l'International Literature Festival Dublin, certains événements du Fringe Festival, Culture Night, certaines animations du Bram Stoker Festival (voir p. 4-5).

Ne manquez pas les **concerts gratuits** de la Hugh Lane Gallery (dim. à 12h), les Sunday Jazz Brunch du Café en Seine et les nombreux concerts gratuits l'été dans les parcs de la ville.

Dublin Tourism Centre

- 23 Suffolk Street, Dublin 2 (H7)– ☎ 605 7700 – www.visitdublin.com
Lun.-sam. 9h-17h30 (19h en été), dim. 10h-15h.
- 17 Upper O'Connell Street (D3) – Lun.-sam. 9h-17h.
- Hall d'arrivée (Terminal 1 et Terminal 2), aéroport de Dublin (HP par D1) – T. l. j. 8h-22h.
- Temple Bar Properties : 12 East Essex Street (H7) – ☎ 677 2255 – www.templebar.ie
Lun.-ven. 9h-17h30, sam. 10h-17h30 (18h l'été), dim. 12h-15h.

VISITES GUIDÉES

À pied

Dublin offre un grand nombre de **visites guidées** à thème.
Pour les amateurs d'architecture : **Architecture Tours Ireland** propose en anglais des visites guidées par des architectes du Royal Institute of the Architects. Au programme : Dublin Docklands, Temple Bar, Dublin georgien, architecture contemporaine (sam.-dim., durée 1h30, le prix du ticket dépend du nombre de personnes).
Rens. et résa : ☎ 676 1703 – www.architecturetours.ie

Si le tour des pubs musicaux les plus célèbres vous tente, le **Musical Pub Crawl** démarre tous les soirs au Olier St John Gogarty's (Temple Bar) et vous entraîne avec des musiciens traditionnels pendant 2h30 de pub en pub (nov. à mars : jeu.-sam. à partir de 19h30). Ticket plein tarif : 12 €.
Rens. et résa : ☎ 475 3313 – www.discoverdublin.ie

Pour les anglophones, le **Literary Pub Crawl** part de The Duke's Pub (9 Duke Street) et est animé par des acteurs sur les grands écrivains dublinois (avr.-oct. : t. l. j. 19h30 ; nov.-mars : jeu.-dim. 19h30). Ticket plein tarif : 12 €.
Rens. et résa : ☎ 670 5602 – www.dublinpubcrawl.com

Dans le même esprit, **l'Historical Walking Tour** suit la piste des grands événements qui ont marqué l'histoire de Dublin : la Famine, la Grande Guerre, l'insurrection de 1916… (mai-sept. : t. l. j. 11h et 15h ; avr. et oct. : t. l. j. 11h ; nov.-mars : ven.-dim. 11h). Ticket plein tarif : 12 €.
Rens. et résa : ☎ 087 688 9412 – http://historicaltours.ie

En bus

La formule ***Hop on – Hop off*** (« monter et descendre ») est très pratique pour rejoindre les quelques musées excentrés (Kilmainham Gaol, Guinness Storehouse, Irish Museum of Modern Art, Museum of Decorative Arts…) tout en profitant des commentaires en anglais du chauffeur-guide ou du commentaire audio en français. Le ticket est valable 2 jours et permet de descendre à plus d'une vingtaine d'arrêts pour visiter un musée ou chiner dans les environs avant de reprendre le bus suivant. Deux concurrents proposent à peu de choses près les mêmes services :

- **City Sightseeing Dublin Tour (bus rouges)**
Tickets et départ au niveau du 15 O'Connell Street (D3)
T. l. j. 9h-19h (9h30-16h30 en hiver)
www.citysightseeingdublin.ie
Ticket plein tarif : 19 € (adulte), gratuit pour les moins de 12 ans.

- **Dublin Bus Tour (bus verts)**
Tickets et départ sur Cathal Brugha Street (D2)
T. l. j. 9h-18h30 (bus 10-15 min)
www.dublinsightseeing.ie
Ticket plein tarif : 22 € (adulte), 10 € (5-14 ans).

Au crépuscule, offrez-vous une bonne frayeur dans le Dublin de Bram Stoker – le célèbre auteur de *Dracula* – et des maisons hantées de Dublin avec le **Dublin Ghostbus Tour** (interdit aux enfants de moins de 14 ans) pour 28 € (lun.-jeu. 20h, ven.-sam. 20h et 21h, en anglais seulement).
Rens. et résa sur www.dublinsightseeing.ie/ghostbus

En calèche

Les romantiques préféreront un circuit en calèche dans les quartiers georgiens autour de Merrion Square, vers le Grand Canal et Phoenix Park. Les calèches stationnent à l'angle de Grafton Street et de St Stephen's Green (50 € pour 30 min).

En bateau

Des croisières sont proposées sur la Liffey au départ de Bachelors Walk. Chaque jour, de nouveaux horaires sont programmés. Il est préférable de se rendre sur le site Internet pour se tenir informé. Ticket plein tarif : 14 € (adulte), 10 € (4-12 ans), 30 € (Family Ticket : 2 adultes + 2 enfants).

Rens. et résa : **Liffey River Cruises**
☎ 473 0000 – www.liffeyrivercruises.com

MUSÉES ET ATTRACTIONS

Les musées nationaux ou municipaux sont généralement ouverts du mardi au samedi toute la journée et le dimanche après-midi. Et **l'accès aux collections permanentes est gratuit** (les expositions sont payantes). En revanche, les attractions comme la Guinness Storehouse, la Jameson Distillery et le Dublin Zoo sont chères.

JOURS FÉRIÉS

- **Nouvel an**
- **Saint-Patrick** : 17 mars
- **Vendredi saint**
- **Lundi de Pâques**
- **1er lundi de mai**
- **Fête légale de juin** (République irlandaise) : 1er lundi de juin
- **Fête légale d'août** : 1er lundi d'août
- **Fête légale d'octobre** : dernier lundi d'octobre
- **Noël**
- **St Stephen's Day** : 26 décembre

Budget

Dublin est une **ville relativement chère,** mais ses prix sont inférieurs à ceux des capitales européennes comme Paris ou Londres. Une chambre d'hôtel pour deux vous reviendra au moins à 80 €, plutôt entre 100 et 150 € pour un bon standing. Dublin est une petite ville et l'essentiel des musées et monuments est en centre-ville.

L'utilisation des transports en commun peut donc être ponctuelle et son coût limité (ticket de bus de 1,95 à 3,80 € selon le trajet). Un repas léger pris le midi dans un pub vous coûtera de 15 à 20 €. La pinte de bière vaut de 4 à 6 €. Comptez entre 300 et 500 € pour un séjour de 2 jours et 2 nuits (vol non compris).

COMMENT PAYER ?

L'Irlande faisant partie de la zone euro, vous pouvez y effectuer vos retraits et paiements par carte (Visa, MasterCard…) comme vous le feriez en France. Tous vos paiments par carte sont gratuits et vos retraits sont soumis aux mêmes conditions tarifaires qu'en France (gratuits pour la plupart des cartes bancaires). Vous trouverez de nombreux distributeurs de liquide dans la ville. Avant votre voyage, assurez-vous de la hauteur de vos plafonds de retrait et de paiement à l'étranger, et demandez les montants hebdomadaires autorisés.
Perte ou vol de votre carte de crédit : avant de partir, notez les 16 chiffres de votre carte bancaire, qui vous seront demandés en cas d'opposition.

- American Express : ☎ 01 47 77 72 00
- MasterCard : ☎ 1 800 55 7378 (gratuit depuis un fixe)
- Visa : ☎ 1 800 55 8002 (gratuit depuis un fixe)
- Toutes cartes : ☎ 892 705 705 (0,34 €/min).

INFOS TRÈS TRÈS PRATIQUES

LANGUE

Les deux langues officielles de la République d'Irlande sont le gaélique (irlandais) et l'anglais. L'anglais domine largement, très peu de Dublinois parlant le gaélique.

DÉCALAGE HORAIRE

Aligné sur le méridien de Greenwich, Dublin a une heure de décalage avec la France. Quand il est midi en France, il est 11h à Dublin. L'Irlande pratique, comme la France, l'heure d'été.

VOLTAGE

Le courant électrique de 220 volts est identique à celui de la France, mais les prises à trois broches rectangulaires sont du type britannique. Il vous faudra donc un **adaptateur** du type « European to UK » en vente dans les boutiques des aéroports, dans les boutiques Maplin (Jervis Street, The Smyth's Building) ou dans n'importe quel supermarché en France.

ÉCRIRE ET TÉLÉPHONER

• **Les timbres** ne sont vendus que dans les bureaux de poste. Il vous en coûtera 1,05 € pour envoyer une carte postale ou une lettre de 20 g. La plupart des bureaux de poste sont ouverts du lundi au vendredi, de 9h à 17h30.

General Post Office (GPO) :
O'Connell Street (D3) – Lun.-sam. 8h30-18h.

• **Pour appeler** la France depuis Dublin, composez le 00 33 suivi du numéro de votre correspondant, sans le 0 initial. Pour appeler Dublin depuis la France, composez le 00 suivi de l'indicatif 353 + 1 (indicatif de Dublin sans le 0), et du numéro à 7 chiffres de votre correspondant.

Renseignements nationaux : ☎ 11811
ou www.goldenpages.ie

• Dublin possède de nombreux **cafés Internet**. Notamment, au sud de la Liffey :

Central Internet Cafe :
52 Grafton Street (au-dessus de la boutique Bus Stop – I7) – ☎ 677 8298
www.centralinternetcafe.com
Lun.-ven. 7h-23h, sam. 9h-22h, dim. 10h-20h.

LIVRE, POUCE ET PIED

En Irlande, le passage du système impérial (système de mesures hérité de l'Empire britannique) au système métrique a été mis en place. Les panneaux indiquant les distances ou les limitations de vitesse sont désormais en km/h. Les produits alimentaires sont aussi vendus au kilo. Des **conversions** si besoin :
1 pouce (1 inch) = 2,54 cm ; 1 pied (1 foot) = 30,5 cm ; 1 pound = env. 450 g.

NUMÉROS UTILES

☎ 999 ou 112 pour les urgences. Vous devez ensuite préciser le service désiré : *Garda* pour la police, *Ambulance* pour les urgences médicales ou *Fire service* pour les pompiers.

Ambassade de France :
Fitzwilliam Lane (D4) – ☎ 01 277 5000
www.ambafrance-ie.org

Nos hôtels par quartiers

O'Connell Street
Visite 1 – p. 10

The Castle Hotel

Great Denmark Street,
Gardiner Row (D2)
☎ 874 6949 ou 874 2554
www.thecastle-hotel.ie
De 89 à 229 €.

Connu pour être l'un des plus vieux hôtels de Dublin, le Castle Hotel présente tous les charmes d'une demeure georgienne avec son élégant escalier, ses moulures d'origine, ses lustres en cristal, ses miroirs anciens et ses cheminées de marbre. Les 137 chambres possèdent : TV, téléphone et bouilloire. L'un des meilleurs rapports qualité-prix de la capitale.

Harvey's

11 Upper Gardiner Street (D2)
☎ 874 8384
www.harveysguesthouse.com
De 50 à 100 €
Petit déjeuner : de 6 à 8 €.

Une agréable *guesthouse* de style georgien, de 16 chambres, au décor élégant de maison de famille. Dès le seuil franchi, on s'y sent comme chez soi. Les salles de bains ont une baignoire et l'accueil est chaleureux. À 5 min à pied d'O'Connell Street. Une excellente adresse.

The Townhouse

47-48 Lower Gardiner Street (D3)
☎ 878 8808
www.townhouseofdublin.com
De 115 à 130 €.

À deux pas de la gare centrale des bus, voici une *guesthouse* de style georgien élégant et à un prix raisonnable pour le centre-ville. Foyer accueillant, où le turquoise vibrant des murs et du sol sert d'écrin à des affiches de couleurs vives et chaudes ; 96 chambres sobres et design, ou cosy et rétro, mais toutes très raffinées. Service impeccable.

Dublin Castle
Visite 3 – p. 16

Harding

Fishamble Street (G7)
☎ 679 6500
www.hardinghotel.ie
De 79 à 139 €
Petit déjeuner : de 5,59 à 9,95 €.

Dominant Christ Church, Dublin Castle est un hôtel moderne un peu impersonnel, mais dont les 52 chambres bien éclairées et décorées de couleurs gaies offrent tout le confort. L'ensemble est très fonctionnel, près du centre mais à l'écart de l'agitation.

Temple Bar
Visite 4 – p. 18

The Clarence Hotel

6-8 Wellington Quay (H6)
☎ 407 0800
www.theclarence.ie
De 110 à 189 €.

Racheté par le groupe de rock légendaire U2 et décoré dans un style contemporain de marbre, de bois et de cuir, cet hôtel de 51 chambres est l'endroit le plus snob de Dublin. Les chambres sont meublées de chêne blond et de cuir, avec de merveilleuses couettes couvertes de lin blanc sur les lits.

The Morgan Hotel

10-12 Fleet Street (I6)
☎ 679 3939
www.themorgan.com
De 100 à 190 €.

Ambiance chic au cœur de Temple Bar, le Morgan Hotel privilégie le design contemporain. Cultivant confort et élégance, les 129 chambres personnalisées s'imprègnent de minimalisme, baignées de blanc et de lignes épurées. Si vous souhaitez vous offrir la luxueuse Morgan Suite, comptez entre 140 et 230 €.

Trinity College
Visite 5 – p. 22

Trinity City Hotel

Pearse Street (D3)
☎ 648 1000
www.trinitycityhotel.com
De 120 à 279 €.

Exubérance et originalité règnent en maîtres. Dans une tendance résolument contemporaine, l'intérieur multiplie les dorures, les velours et les cuirs, mêle avec audace lanternes orientales, lustres Art nouveau, plantes, sofas minimalistes, colonnes corinthiennes, miroirs démesurés, chaises coloniales et canapés georgiens…

St Stephen's Green
Visite 6 – p. 24

The Dawson Hotel

35-36 Dawson Street (I8)
☎ 677 4444
www.thedawson.ie
De 120 à 180 €.

À l'instar de Julia Roberts ou Mel Gibson, succombez aux charmes orientaux dissimulés derrière cette façade georgienne. Une belle harmonie se dégage des chambres où les tons roses, orange et violet des tissus habillent chaudement les bois foncés. Pour un authentique moment de détente, filez au Spa de l'hôtel.

Grafton House

26-27 South Great George's Street (I8)
☎ 648 0025
www.graftonguesthouse.com
De 89 à 209 €.

Un excellent rapport qualité-prix pour cette adresse. Idéalement située pour un *shop in the city* et pour les sorties nocturnes, cette maison georgienne séduit par son habillage contemporain et son ambiance *friendly*. Les 15 chambres rénovées et modernisées ont un accès Internet gratuit. À noter, l'absence d'ascenseur et de double vitrage dans les chambres qui donnent sur la rue.

The Shelbourne

27 St Stephen's Green North (I8)
☎ 663 4500
www.mariott.fr
À partir de 190 €.

Pour un séjour mythique dans un monument de Dublin, théâtre depuis sa création en 1824 d'un défilé incessant de personnalités, stars de cinéma, politiciens et grands sportifs. Malgré l'ajout de touches modernes, la vieille dame a gardé son vieil et délicieux accent *British*. Vue merveilleuse sur St Stephen's Green.

De Merrion Square à Grand Canal

Visite 7 – p. 28

Baggot Court

92 Lower Baggot Street (D4/E4)
☎ 661 2819
www.baggotcourt.com
De 90 à 150 €.

Proche du centre, dans le quartier georgien, une maison très calme à la déco sobre et reposante. La chambre la plus chère a sa kitchenette ; toutes sont équipées du meilleur confort. À 5 min de St Stephen's Green.

Nº 31

31 Leeson Close (D4)
☎ 676 5011
www.number31.ie
De 190 à 320 €.

À 3 min à pied au sud de St Stephen's Green, c'est notre adresse préférée, discrètement cachée derrière un grand portail. Conjuguez une belle demeure georgienne et son jardin japonais à une annexe à l'architecture claire et contemporaine et vous avez un ensemble au charme rare, ponctué de meubles français et italiens d'époque, de tissus soyeux, de boutis anciens, de tapis aux riches nuances...

Hors visite

Pembroke Townhouse

90 Pembroke Road (E4)
☎ 660 0277
www.pembroketownhouse.ie
De 85 à 155 €
Petit déjeuner : de 10 à 15 €.

C'est un secret bien gardé, à l'écart de l'agitation, un refuge chic du XVIIIe s. imprégné d'élégance georgienne, et habillé avec le meilleur du design et de l'art contemporain irlandais. Toutes différentes, les 48 chambres sont autant de bulles douillettes et luxueuses équipées avec soin. L'adresse toute trouvée pour ceux qui veulent profiter des équipements high-tech d'un hôtel et du service chaleureux et personnalisé d'une *guesthouse*.

Tinode House

170 Upper Drumcondra Road (HP par D1)
Bus 1, 11, 13, 16, 41, 44
☎ 837 2277
www.tinodehouse.com
De 75 à 90 €.

Un *B&B* dans une maison de style édouardien en brique, qui croule sous les fleurs dès le printemps. Une jolie véranda, avec d'agréables canapés, donne sur le jardin et les 4 chambres sont aménagées avec goût. Maureen et P. J. Dunne apportent beaucoup de soin au service et vous donnent des tuyaux pour faire de votre séjour un moment mémorable. L'une des meilleures adresses à ce prix.

EXPRESSIONS USUELLES

Matin : *morning*
Après-midi : *afternoon*
Soir : *evening*
Bonjour (le matin) : *good morning*
Bonjour (l'après-midi) : *good afternoon*
Au revoir : *goodbye*
Bonsoir : *good evening*
S'il vous plaît : *please*
Merci : *thank you*
Il n'y a pas de quoi : *you're welcome*
Comment allez-vous ? : *how are you doing ?*
Comprenez-vous ? : *do you understand ?*
Excusez-moi : *excuse me*
Je ne comprends pas : *I don't understand*
Manger : *to eat*
Boire : *to drink*
Je veux : *I want*
Je voudrais : *I would like*
Combien cela vaut-il ? : *how much is it ?*
C'est trop cher : *it is too expensive*

ESPACE ET TEMPS

À demain : *see you tomorrow*
Après : *after*
Aujourd'hui : *today*
Avant : *before*
Demain : *tomorrow*
Encore : *again*
Heure : *hour*
Hier : yesterday
Horaire : *schedule*
Horloge : *clock*
Là-haut : *up there*
Maintenant : *now*
Minute : *minute*
Où : *where*
Pendant : *during*
Près : *near*
Quand : *when*
Tard : *late*
Tôt : *early*
Quelle heure est-il ? : *what time is it ?*
Il est midi : *it's noon*
Il est minuit : *it's midnight*

LES NOMBRES

Nombre : *number*
Un, une : *one*
Deux : *two*
Trois : *three*
Quatre : *four*
Cinq : *five*
Six : *six*
Sept : *seven*
Huit : *eight*
Neuf : *nine*
Dix : *ten*
Onze : *eleven*
Douze : *twelve*
Treize : *thirteen*
Quatorze : *fourteen*
Quinze : *fifteen*
Seize : *sixteen*
Dix-sept : *seventeen*
Dix-huit : *eighteen*
Dix-neuf : *nineteen*
Vingt : *twenty*
Vingt et un : *twenty-one*
Trente : *thirty*
Quarante : *forty*
Cinquante : *fifty*
Soixante : *sixty*
Soixante-dix : *seventy*
Quatre-vingts : *eighty*
Quatre-vingt-dix : *ninety*
Cent : *one hundred*
Mille : *one thousand*

EN ARRIVANT

Aéroport : *airport*
Arrêt de bus : *bus stop*
Arrivée : *arrival*
Bagages : *luggage*
Billet : *ticket*
Comment se rend-on à… ? : *How do you get to… ?*
Consigne : *left-luggage*
Départ : *departure*
Navette : *shuttle*
Vol : *flight*

À LA DOUANE

Carte d'identité : *identity card*
Devises étrangères : *foreign currency*
Douanier : *customs agent*
Objets personnels : *personal effects*
Passeport : *passport*
Rien à déclarer ? : *nothing to declare ?*

À L'HÔTEL

Réservation : *booking*
Avez-vous des chambres ? : *do you have any accommodation available ?*
Une chambre simple : *single-bedded room*
Une chambre double : *double-bedded room*
Salle de bains particulière : *private bathroom*
Quel est le prix ? : *what is the price ?*
À quelle heure doit-on libérer la chambre ? : *what is check out time ?*

AU RESTAURANT

Addition : *bill*
Assiette : *plate*
Agneau : *lamb* (*lamb chop* : côtelette d'agneau)
Apéritif : *aperitive*
Bar : *bass*
Bien cuit : *well done*
Bœuf : *beef*
Boire : *to drink*
Brème : *bream*
Brochet : *pike*
Canard : *duck*
Champignon : *mushroom*
Chou : *cabbage*
Coquille St-Jacques : *scallop*
Couteau : *knife*
Crevette : *prawn, shrimp*
Cuillère : *spoon*
Dessert : *sweet course ou pudding*
Fourchette : *fork*
Frites : *chips*
Fromage : *cheese*
Hareng : *herring*
Homard : *lobster*
Hors-d'œuvre : *starter*
Jambon : *ham*
Langoustine : *Dublin Bay prawn*
Lieu : *pollack*
Manger : *to eat*
Maquereau : *mackerel*
Morue : *cod*
Plat principal : *main dish*
Poisson : *fish*
Poulet : *chicken*
Saignant : *rare* (mot pour bleu à demander étant donné la tendance à trop cuire la viande)
Saumon : *salmon*
Sole : *sole*
Truite : *trout*
Viande : *meat*

AU PUB

Bière pression : *draught beer*
Bière : *beer*
Demi-pinte : *half a pint, a glass*
Grog au whiskey : *hot whiskey ou hot toddy*
Guinness pression : *draught Guinness*
Pinte : *pint*

FAIRE DU SHOPPING

Combien ça coûte… ? : *How much does it cost ?*
Pouvez-vous expédier… ? : *Can you arrange a mailing service ?*
Carte de crédit : *credit card*
Casquette : *cap*
Ceinture : *belt*
Chapeau : *hat*
Chaussure : *shoe*
Chemise : *shirt*
Costume : *suit*
Coton : *cotton*
Cravate : *tie*
Gant : *glove*
Imperméable : *rain coat*
Jupe : *skirt*
Laine : *wool*
Lavable à la machine : *machine washable*
Manteau : *coat*
Mouchoir : *handkerchief*
Nappe : *tablecloth*
Pantalon : *trousers*
Parapluie : *umbrella*
Sac : *bag*
Soie : silk
Taille : *size*
Veste : *jacket*

DÉTAILS PRATIQUES

Carte postale : *post-card*
Colis : *parcel*
Diapositives : *slides*
Enveloppe : *envelope*
Envoyer : *to send*
Monnaie : *change*
PCV : *reverse charge*
Pellicule couleur : *colour film*
Permis de conduire : *driving licence*
Timbre : *stamp*

EN GAÉLIQUE

Bienvenue : *Fáilte (faultcha)*
Bureau de poste : *Oifig an Phoist (oufig ane fouicht)*
Centre-ville : *An lár*
Femmes : *Mna (minau)*
Hommes : *Fir (fir)*
Office national de tourisme : *Bord Failte (borde faultcha)*
Police : *Garda*
Toilettes : *Leithras (lairass)*

Dernières éditions revues et enrichies par **Bertrand Lauzanne et Natasha Penot.**
L'édition originale a été établie par **Christine Legrand.**
Ont également collaboré à cette édition : **Evanne Darchy, Florence Georgeon et Florence Roth.**

Cartographie : **Frédéric Clémençon et Aurélie Huot.**

Conception graphique de la couverture et de la maquette intérieure : **Thibault Reumaux.**
Conception graphique de la couverture : **Caroline Joubert (www.atelier-du-livre.fr).**
Mise en pages intérieure : **Chrystel Arnould.**

Contact presse : rmazef@hachette-livre.fr – ☎ 01 43 92 36 66.
Contact publicité : vhabert@hachette-livre.fr – ☎ 01 43 92 32 52.

Écrivez-nous : weekend@hachette-livre.fr

Aussi soigneusement qu'il ait été établi, ce guide n'est pas à l'abri des changements de dernière heure, des erreurs ou omissions. Ne manquez pas de nous faire part de vos remarques. Informez-nous aussi de vos découvertes personnelles, nous accordons la plus grande importance au courrier de nos lecteurs :

Guides *Un grand week-end* – Hachette Tourisme
58, rue Jean-Bleuzen – 92170 Vanves

Crédit photographique

Intérieur :

Toutes les photographies ont été réalisées par **Jean-Christophe Godet**, à l'exception de celles des pages suivantes :

Nicolas Edwige : p. 10, p. 11, p. 12, p. 13, p. 15 (ht d.), p. 17, p. 19,p. 20, p. 21 (b. d.), p. 22, p. 23 (b. g.), p. 26 (b. g.), p. 27 (b. c.), p. 29 (c. g.), p. 30 (b. g.), p. 33 (b. d.), p. 35 (ht d., b. g.), p. 36, p. 39 (c. g.), p. 42, p. 43,p. 44 (ht g.), p. 45, p. 46, p. 47, p. 50, p. 54 (ht d.), p. 55, p. 58, p. 59 (c. g.), p. 60, p. 61 (c. g., b. d.), p. 62 (ht d.), p. 63 (ht g.), p. 69 (ht d.), p. 74 (ht g.), p. 76, p. 77, p. 80 (b. g.), p. 84 (b. g.), p. 85, p. 86 (ht g.), p. 87 (ht d.), p. 90 (ht d.), p. 91 (b. d.), p. 93 (ht d.), p. 94 (ht g., b. d.), p. 95, p. 96 (ht g., ht d.), p. 98 (ht d.), p. 99 (ht c.), p. 100 (b. d.), p. 102 (ht g., ht d.), p. 103 (ht d.), p. 104 (b. g., b. d.), p. 105 (ht d.), p. 106 (ht d.), p. 107 (b. d.), p. 112 (b. g.), p. 114 (ht g., ht d., c. d.), p. 118, p. 119 (c. d.), p. 120, p. 121, p. 122.

© **National Museum of Dublin :** p. 29 (ht d.), p. 52, p. 53.

© **Board Failte – Irish Tourism Board :** p. 44 (ht d.), p. 54 (ht g., b. g.), p. 55 (b. d.), p. 63 (ht d.), p. 107 (ht d.).

© **The Trustees of the Chester Beatty Library :** p. 48, p. 49.

© **UCD Newman House :** p. 51 (b. d.).

© **The Loft Market :** p. 79 (c. g.), p. 82 (ht d., c. g.).

© **Maven Boutique/Peter Houlihan :** p. 82 (c. d.).

© **The Ark/Camilla Cerea :** p. 89 (b. d.).

© **Martin Good/Shutterstock :** p. 96 (b. g.).

© **The Shelbourne Dublin :** p. 133.

Photothèque Hachette Livre : p. 56 (ht g., b. c.), p. 57, p. 59 (ht d., c. d.), p. 62 (c. d.), p. 63 (b. d.), p. 106 (b. g.).

Couverture :

Toutes les images sont de **Jean-Christophe Godet.**

Édité par Hachette Livre (58, rue Jean-Bleuzen, CS70007, 92178 Vanves Cedex)
Imprimé par Polygraf (Capejevova 44, 08199 Presov, Slovaquie)
Achevé d'imprimer en janvier 2016
ISBN : 978-2-01-396124-0 – 57-7791-5
Dépôt légal : janvier 2016 – Collection N° 44 – Édition : 01

UN GRAND WEEK-END

- Amsterdam
- Athènes
- Barcelone
- Berlin
- Bruxelles
- Budapest
- Copenhague
- Dubaï et Abu Dhabi
- Dublin
- Édimbourg
- Florence
- Genève
- Istanbul
- Lisbonne
- Londres
- Lyon
- Madrid
- Marrakech
- Marseille
- Metz
- Milan
- Montréal
- Naples
- New York
- Paris
- Porto
- Prague
- Rome
- Saint-Pétersbourg
- Séville
- Singapour
- Stockholm
- Venise
- Vienne

weekend@hachette-livre.fr
www.facebook.com/GuidesUnGrandWeekend